KB087643

국가수준

학업성취도
평가 ——

전과목 모의고사

국어 수학 사회 과학 영어

학업성취도 평가 전과목 모의고사

기획총괄	배창민
편집개발	민경민, 신정우, 변희원, 박경민, 장선애, 정성룡
디자인총괄	김희정
표지디자인	윤순미
내지디자인	박희춘, 이혜미
제작	황성진, 조규영

발행일	2022년 7월 15일 초판 2022년 7월 15일 1쇄
발행인	(주)천재교육
주소	서울시 금천구 가산로9길 54
신고번호	제2001-000018호
고객센터	1577-0902

차례

1번~4번 문제는 듣고 푸는 문제입니다. 들려 주는 내용을 잘 듣고 물음에 답하기 바랍니다. 내용은 한 번만 들려줍니다.

듣기평가

[1~2] 들려주는 내용을 듣고 물음에 답하시오.

교과 과정 5학년 2학기

1 (물음) 지윤이와 명준이의 대화에서 상대의 기분을 상하게 하는 말은 무엇입니까? (　　　)

① "내 이야기 좀 들어 줄래?"
② "너를 찾고 있었는데 마침 잘됐다."
③ "나 지금 바쁜데, 내가 꼭 들어야 하니?"

교과 과정 5학년 2학기

2 (물음) 명준이의 기분을 짐작한 것으로 알맞은 것은 무엇입니까? (　　　)

① 배려하는 말을 해 주어서 기분이 좋다.
② 무시당하는 것 같아 기분이 좋지 않다.
③ 자신의 말을 귀 기울여 들어 주어서 고마운 마음이 든다.

[3~4] 들려주는 내용을 듣고 물음에 답하시오.

교과 과정 6학년 1학기

3 (물음) 미래에 필요한 능력으로 알맞지 <u>않은</u> 것은 무엇입니까? (　　　)

① 문제를 해결해 내는 능력
② 기계가 대신할 수 있는 능력
③ 기술과 지식을 창의적으로 활용하는 능력

교과 과정 6학년 1학기

4 (물음) 들려주는 글과 관련된 발표 주제로 알맞은 것은 무엇입니까? (　　　)

① 미래에는 어떤 인재가 필요할까
② 사라진 직업에는 어떤 것들이 있을까
③ 환경 오염을 줄이는 방법은 무엇일까

듣기평가 문제종료 | 1번~4번까지 듣기 문제가 끝났습니다. 5번~20번까지는 읽고 푸는 문제입니다.

창의

교과 과정 5학년 2학기

5 다음 빈칸에 들어갈 알맞은 말을 보기에서 골라 쓰시오.

벼농사를 짓기에 ▢ 한 조건은 무엇인가요?

보기
유리　　　유명

(　　　　　)

교과 과정 5학년 2학기

6 다음 중 누리 소통망의 좋은 점으로 알맞지 <u>않은</u> 것은 무엇입니까? (　　　)

① 간편하고 쉽게 연락을 할 수 있다.
② 직접 만나지 않고도 대화할 수 있다.
③ 글자를 일일이 입력하는 것이 불편하다.

교과 과정 5학년 2학기

7 연서가 지켜야 할 누리 소통망 예절로 알맞은 것은 무엇입니까? (　　　)

서진: 왜 나한테 물어보지도 않고 대화방에 초대하니?
연서: 같이 놀자는 건데 뭘.
서진: 중요한 일을 하는데 자꾸 신경 쓰이잖아!

① 혼자서 너무 많이 말하지 않는다.
② 줄임 말을 많이 사용하지 않는다.
③ 상대가 대화하고 싶은지 확인하고 말을 건다.

국어

융합

교과 과정 5학년 2학기

8 다음 밑줄 친 낱말의 뜻으로 알맞은 것을 고르시오.

고추밭을 <u>매다가</u>
엄마얏! 지렁이
명아주 뿌리에 끌려 나와
몸부림치는 지렁이

(1) 논밭에 난 잡풀을 뽑다가
(2) 어깨에 걸치거나 올려놓다가

(   )

교과 과정 5학년 2학기

9 책에서 자료를 찾아 읽는 방법을 정리한 것입니다. 빈칸에 들어갈 알맞은 말은 무엇입니까? (   )

〈책에서 자료를 찾아 읽는 방법〉
1. 찾고 싶은 자료와 관련한 책을 찾는다.
2. 찾은 책의 ☐ (을)를 살펴본다.
3. 내용을 건너뛰며 읽으면서 의견을 뒷받침하는 내용을 찾는다.
4. 의견을 뒷받침하는 내용을 좀 더 자세히 읽는다.
5. 필요한 내용을 정리하고 글쓴이와 출판사를 쓴다.

① 모양
② 차례
③ 크기

교과 과정 5학년 2학기

10 찾은 자료를 알기 쉽게 표현하는 방법으로 알맞지 않은 것은 무엇입니까? (   )

① 도형과 화살표를 사용하여 차례나 단계를 나타낸다.
② 설명하는 대상을 사진이나 그림으로 직접 보여 준다.
③ 그림이나 도표의 크기는 크게 하고 글씨는 되도록 작게 쓴다.

11 교과 과정 5학년 2학기 **신유형**

다음 안내문의 내용을 친구들에게 전달하려고 합니다. 알맞은 낱말에 각각 ○표를 하시오.

단수 안내

1. 단수 일시

20○○년 9월 4일 ~ 5일

2. 단수 지역

○○시 전 지역

3. 단수 사유

일부 수도관에 누수가 생겨 공사할 예정임.

4. 유의 사항

- 단수에 대비하여 수돗물을 충분히 비축해 두어야 함.
- 단수 이후 수돗물 공급 시 녹물이 나올 수 있으므로 주의해서 사용해야 함.

얘들아!

수돗물의 공급을 (1)(늘릴, 끊을) 거라고 알려 주는 글이야. 어딘가의 수도관에서 물이 (2)(새고, 오염되고) 있어서 그것을 막기 위해 수돗물을 잠시 공급하지 못하나 봐. 9월 4일이 되기 전에 수돗물을 미리 (3)(모아, 검사해) 두는 것이 좋겠어.

12 교과 과정 5학년 2학기

다음은 글쓰기를 계획한 것입니다. ㉠과 ㉡에 들어갈 알맞은 말이 바르게 짝지어진 것은 무엇입니까?

( )

- 목적: 글 모음집에 실으려고
- ㉠ : 겪은 일을 표현하는 글
- 읽는 사람: 친구
- ㉡ : 명절 문화 바꾸기

	㉠	㉡
①	주제	글의 종류
②	글의 종류	주제
③	글의 종류	글을 쓰는 장소

13 교과 과정 6학년 1학기 **코딩**

다음 낱말들의 관계에 대하여 바르게 말한 친구의 이름을 쓰시오.

정상 : 비정상   공개 : 비공개

종수: 뜻이 서로 비슷해.

정희: 뜻이 서로 반대야.

시현: 한 낱말의 뜻이 다른 낱말의 뜻을 모두 포함하고 있어.

( )

국어

창의

14 교과 과정 6학년 1학기

다음 빈칸에 들어갈 표현하는 방법은 무엇입니까?
(   )

> '~같이', '~처럼', '~듯이'와 같은 말을 써서 두 대상을 직접 견주어 표현하는 방법을 [   ](이)라고 합니다.

① 직유법
② 은유법
③ 의인법

16 교과 과정 6학년 1학기

다음 빈칸에 들어갈 알맞은 낱말을 보기에서 골라 쓰시오.

> 바른 자세로 공부하려면 등을 의자에 [   ]시켜 앉아야 한다.

보기

| 반응 | 밀착 | 발견 |

(   )

15 교과 과정 6학년 1학기

시를 낭송하는 방법으로 알맞지 <u>않은</u> 것은 무엇입니까? (   )

① 시의 분위기를 살려 최대한 작게 읽는다.
② 노래하듯이 부드럽고 자연스럽게 읽는다.
③ 시에서 떠오르는 장면을 상상하면서 읽는다.

교과 과정 6학년 1학기

17 다음 중 공식적인 말하기 상황으로 알맞은 것은 무엇입니까? (   )

① 학급 회의에서 말하기
② 학교 선생님께 인사드리기
③ 아버지께 궁금한 점 여쭤보기

교과 과정 6학년 1학기

19 다음 문장에서 잘못 쓴 글자를 찾아 바르게 고쳐 쓰시오.

"너희들은 때를 지어 거슬러 오르기 때문에 아름다운 거야."

(   ) → (   )

교과 과정 6학년 1학기

18 발표를 들을 때 주의할 점으로 알맞지 <u>않은</u> 것은 무엇입니까? (   )

① 바른 자세로 듣는다.
② 궁금한 점을 질문하며 듣는다.
③ 발표하는 내용에 집중하며 듣는다.

교과 과정 6학년 1학기

20 논설문을 쓸 때 서론에 들어갈 내용으로 알맞은 것은 무엇입니까? (   )

① 문제 상황
② 글 내용의 요약
③ 근거를 뒷받침하는 내용

1번~4번 문제는 듣고 푸는 문제입니다. 들려주는 내용을 잘 듣고 물음에 답하기 바랍니다. 내용은 한 번만 들려줍니다.

듣기평가

[1~2] 들려주는 내용을 듣고 물음에 답하시오.

교과 과정 5학년 2학기

1 (물음) 들려주는 내용은 토론의 단계 중 어느 단계입니까? ( )

① 반론하기
② 주장 다지기
③ 주장 펼치기

교과 과정 5학년 2학기

2 (물음) 찬성편의 주장은 무엇입니까? ( )

① 학급 임원은 필요 없다.
② 분리수거를 잘 해야 한다.
③ 학급 임원은 반드시 필요하다.

[3~4] 들려주는 내용을 듣고 물음에 답하시오.

교과 과정 6학년 1학기

3 (물음) 『화성성역의궤』에 대한 설명으로 알맞지 않은 것은 무엇입니까? ( )

① 순조 임금 때 만들어졌다.
② 건축과 관련된 의궤 가운데 가장 내용이 적다.
③ 수원 화성 공사와 관련된 문서와 기록, 그림이 실려 있다.

교과 과정 6학년 1학기

4 (물음) 『화성성역의궤』에서 확인할 수 있는 내용이 아닌 것은 무엇입니까? ( )

① 공사 당시 먹었던 음식
② 공사에 참여한 사람의 이름
③ 공사에 사용된 물건의 크기와 값

듣기평가 문제종료
1번~4번까지 듣기 문제가 끝났습니다.
5번~20번까지는 읽고 푸는 문제입니다.

코딩

5 다음 중 띄어쓰기를 바르게 한 것의 기호를 쓰시오.

(ㄱ)	삼	회		
(ㄴ)	삼	십		분

(　　　　　　)

융합

7 다음 글을 읽고, 뫼비우스의 띠를 알맞게 만든 것의 기호를 쓰시오.

　기다랗게 자른 종이의 한쪽 끝을 다른 쪽에 붙이되, 종이를 180도 비틀어서 붙이면 뫼비우스의 띠가 만들어집니다.

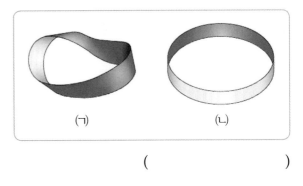

(ㄱ) 　　　　　　 (ㄴ)

(　　　　　　)

국어

6 다음 중 공감하며 대화해야 하는 까닭으로 바르지 <u>않은</u> 것은 무엇입니까? (　　　)

① 의견 차이를 좁힐 수 없다.

② 대화를 즐겁게 이어 갈 수 있다.

③ 상대의 처지를 이해할 수 있다.

교과 과정 5학년 2학기

8 다음 중 주어와 서술어의 호응 관계가 바르지 <u>않은</u> 문장은 무엇입니까? (   )

① 키가 늘고 몸무게가 컸다.

② 할아버지, 얼른 오셔서 진지 드세요.

③ 내일 우리 가족은 공원으로 소풍을 갈 것이다.

교과 과정 5학년 2학기

10 다음 중 지식이나 경험을 활용해 글을 읽으면 좋은 점으로 알맞은 것은 무엇입니까? (   )

① 글을 더 재미있게 읽을 수 있다.

② 글 내용이 더 오래 기억나지 않는다.

③ 글 내용을 끝까지 집중해서 읽을 수 없다.

교과 과정 5학년 2학기

9 다음 중 지식이나 경험을 활용해 글을 읽는 방법으로 알맞지 <u>않은</u> 것은 무엇입니까? (   )

① 글과 관련 있는 내용을 조사한다.

② 새롭게 알게 된 사실을 정리하며 읽는다.

③ 잘 모르는 내용이 나오면 먼저 관련 있는 지식을 공부한다.

11 교과 과정 5학년 2학기

다음 밑줄 친 낱말을 맞춤법에 맞게 바르게 고쳐 쓰시오.

> 공원에 <u>나드리</u>를 왔다.

(   )

12 교과 과정 5학년 2학기

다음 중 토의에서 의견을 조정하는 태도로 알맞지 않은 것은 무엇입니까? (   )

① 결정한 의견에 따른다.

② 해결 방안을 끝까지 알아본다.

③ 다수와 의견이 맞지 않더라도 자신의 의견을 끝까지 고집한다.

13 교과 과정 6학년 1학기

비유하는 표현에 대한 설명으로 알맞지 <u>않은</u> 것은 무엇입니까? (   )

① 비유하는 대상과 비유되는 대상 사이에는 차이점이 있다.

② 비유하는 표현에는 '~처럼'과 같은 표현을 사용할 수 있다.

③ 비유하는 표현은 대상 하나를 다른 대상에 빗대어 표현하는 것이다.

국어

[14~15] 다음 글을 읽고, 물음에 답하시오.

> 원님이 깜짝 놀라 정신을 차려 보니, 그곳은 바로 이승이었고, 자신도 이승 사람이 되어 있었다. 원님은 즉시 나졸들을 시켜 덕진이라는 아가씨를 찾으라고 명령했다. 얼마 뒤, 덕진이라는 아가씨가 어머니와 주막을 차려 살고 있으며, 인정이 많아 손님을 후하게 대접한다는 것을 알았다.

교과 과정 6학년 1학기

14 원님이 이승에 도착해서 가장 먼저 한 일은 무엇입니까? ( )

① 농사를 지었다.
② 덕진을 찾았다.
③ 곳간을 그득히 채웠다.

교과 과정 6학년 1학기

15 윗글에서 알 수 있는 덕진의 성격으로 알맞은 것은 무엇입니까? ( )

① 질투가 많은 성격
② 인정이 많은 성격
③ 욕심이 많은 성격

교과 과정 5학년 2학기

신경향

16 뜻이 비슷한 낱말끼리 각각 선으로 이으시오.

(1) 어린이 •   • ㉠ 몸무게

(2) 체중 •   • ㉡ 아이

교과 과정 6학년 1학기

17 다음 글의 글쓴이의 주장으로 알맞은 것은 무엇입니까? ( )

> 우리 전통 음식은 오랜 세월에 걸쳐 전해 오면서 우리 입맛과 체질에 맞게 발전해 왔기 때문에 여러 가지 면에서 우수합니다. 우리 전통 음식을 사랑합시다.

① 우리 전통 음식을 사랑하자.
② 우리 전통 음식은 건강에 이롭다.
③ 외국에서 유래한 햄버거나 피자를 즐겨 먹자.

창의

[교과 과정] 6학년 1학기

18 다음 그림을 보고, 빈칸에 들어갈 알맞은 말을 ⌐보기⌐에서 골라 쓰시오.

| □□□도 두드려 보고 건너라 |

⌐보기⌐
　　　돌다리　　　　물고기

（　　　　　　　　）

[교과 과정] 6학년 1학기

19 다음 상황에 어울리는 속담은 무엇입니까?

（　　　）

"나는 무릎을 다치고 나서야 무릎 보호대를 했어."

① 소 잃고 외양간 고친다
② 배보다 배꼽이 더 크다
③ 하룻강아지 범 무서운 줄 모른다

융합

[교과 과정] 5학년 2학기

20 다음 그림과 글을 보고 청록과 노랑을 섞으면 어떤 색이 될지 알맞은 것을 ⌐보기⌐에서 골라 쓰시오.

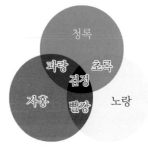

자홍·청록·노랑을 섞어서 여러 가지 색을 낼 수 있어요. 모두 섞으면 검정이 되어요.

⌐보기⌐
　　　검정　　　　초록

（　　　　　　　　）

학업성취도 평가

1번~4번 문제는 듣고 푸는 문제입니다. 들려주는 내용을 잘 듣고 물음에 답하기 바랍니다. 내용은 한 번만 들려줍니다.

듣기평가

[1~2] 들려주는 내용을 듣고 물음에 답하시오.

교과 과정 5학년 2학기

1 (물음) 대화에서 듣는 사람인 지윤이가 잘못한 점은 무엇입니까? (　　　)

① 명준이를 위로해 주었다.
② 명준이의 말을 귀 기울여 들었다.
③ 명준이를 배려하는 말을 해 주었다.
④ 명준이의 처지를 고려하면서 말했다.
⑤ 명준이의 기분을 생각하지 않고 말했다.

교과 과정 5학년 2학기

2 (물음) 지윤이가 명준이의 처지를 고려해서 대답한 것으로 알맞은 것은 무엇입니까? (　　　)

① "네가 그림을 못 그렸겠지."
② "네 이야기보다는 내 일이 훨씬 중요해."
③ "나 지금 바쁜데, 내가 꼭 들어야 하니?"
④ "내가 그린 그림이 훨씬 잘 그린 것 같아."
⑤ "그랬구나. 내가 너처럼 그림 그리기를 좋아하면 나도 서운했을 것 같아."

[3~4] 들려주는 내용을 듣고 물음에 답하시오.

교과 과정 6학년 1학기

3 (물음) 나성실 학생이 전교 학생회 회장단 선거에 입후보한 까닭으로 알맞은 것은 무엇입니까? (　　　)

① 성격을 바꾸기 위해서
② 연설을 연습하기 위해서
③ 학생들과 친해지기 위해서
④ 우리 지역 축제를 홍보하기 위해서
⑤ 가고 싶은 학교, 즐거운 학교를 만들기 위해서

교과 과정 6학년 1학기

4 (물음) 나성실 학생의 공약은 무엇입니까? (　　　)

① 안전한 화장실을 만들겠다.
② 깨끗한 화장실을 만들겠다.
③ 화장실의 위치를 바꾸겠다.
④ 화장실을 더 넓게 만들겠다.
⑤ 화장실을 더 많이 만들겠다.

듣기평가 문제종료 1번~4번까지 듣기 문제가 끝났습니다. 5번~24번까지는 읽고 푸는 문제입니다.

교과 과정 6학년 1학기

신유형

5 다음 친구가 말하는 뜻의 낱말을 넣어 만들어 쓴 문장으로 알맞은 것은 무엇입니까? (   )

'기세나 세력 따위가 불길같이 맹렬함.'이라는 뜻의 낱말을 넣어서 문장을 만들어 볼래.

① 내 동생의 치열은 아주 가지런하다.
② 오빠가 가지런한 치열을 드러내며 웃었다.
③ 언니는 치열이 울퉁불퉁해서 잘 웃지 않았다.
④ 언니는 가지런한 치열 덕분에 웃을 때 아주 예쁘다.
⑤ 학생 회장이 되려는 두 후보의 경쟁은 치열, 그 자체였다.

교과 과정 5학년 2학기

6 다음 중 공감하며 대화하는 방법으로 알맞은 것은 무엇입니까? (   )

① 나의 처지만 생각하며 말한다.
② 상대방의 잘못을 비판하며 말한다.
③ 상대방의 입장이 어떠한지 생각하며 말한다.
④ 관심 없는 이야기는 주의를 기울이지 않는다.
⑤ 상대방의 기분이 상하더라도 내 생각을 그대로 말한다.

교과 과정 5학년 2학기

7 다음 밑줄 친 부분을 바르게 고쳐 쓴 것은 무엇입니까? (   )

할아버지는 얼른 밥을 다 먹고 또 일하러 나가셨다.

① 할아버지는 얼른 진지를 다 먹고
② 할아버지는 얼른 밥을 다 잡수시고
③ 할아버지는 얼른 진지를 다 잡수시고
④ 할아버지께서는 얼른 밥을 다 잡수시고
⑤ 할아버지께서는 얼른 진지를 다 잡수시고

교과 과정 5학년 2학기

8 다음 중 문장 성분의 호응이 알맞지 않은 문장은 무엇입니까? (   )

① 내 동생은 전혀 내 기분을 알지 못한다.
② 어머니께서는 전혀 내 말을 믿어 주었다.
③ 나는 게임하는 것을 별로 좋아하지 않는다.
④ 나는 결코 친구에게 나쁜 말을 하지 않았다.
⑤ 그 숙제를 해내는 일은 여간 어려운 일이 아니야.

국어

코딩

교과 과정 6학년 1학기

9 다음 동물들의 암컷과 수컷을 가리키는 낱말로 알맞은 것을 보기에서 찾아 쓰시오.

	(1) [　　] (와)과 수탉
	(2) 암캐와 [　　]
	(3) [　　] (와)과 수퇘지

보기

수캐　　암퇘지　　암탉

(1) (　　　　　　　　)

(2) (　　　　　　　　)

(3) (　　　　　　　　)

교과 과정 5학년 2학기

10 주장 펼치기 단계에서 하는 일로 알맞은 것은 무엇입니까? (　　　)

① 근거를 들어 주장을 펼치기

② 상대편 토론자의 주장을 요약하기

③ 상대편의 근거가 적절하지 않음을 밝히기

④ 상대편이 제기한 반론이 타당하지 않음을 지적하기

⑤ 상대편의 주장이 타당하지 않다는 것을 밝히기 위한 질문하기

교과 과정 | 6학년 1학기

융합

11 다음은 안내문을 읽고 두 친구가 대화한 내용입니다. 빈칸에 들어갈 알맞은 낱말은 무엇입니까?

( )

네 명까지는 같이 입장할 수 있겠네.

둘레 길 주변에 거주하는 주민들이 불편할 수 있으므로 다섯 명 □□의 단체 여행객은 입장하실 수 없습니다.

응. 우리는 두 명이니까 입장할 수 있겠다.

① 미만: 정한 수효나 정도에 차지 못함.

② 초과: 일정한 수나 한도 따위를 넘음.

③ 이익: 물질적으로나 정신적으로 보탬이 되는 것.

④ 이상: 기준이 되는 수를 포함하여 그 위인 경우를 가리킴.

⑤ 이하: 기준이 되는 수를 포함하여 그 아래인 경우를 가리킴.

교과 과정 | 5학년 2학기

12 다음 글의 밑줄 친 낱말과 비슷한 뜻의 말로 알맞은 것은 무엇입니까? ( )

"퍼트리샤, 슐로스 할아버지에게 바치는 글은 정말 놀라웠다. 자신이 겪은 일 쓰기의 모범으로 삼아도 좋을 만큼 말이다."
반으로 접힌 기말 과제 종이를 손에 꼭 쥐고 집으로 달려가는 내내, 나는 기대에 들떠 가슴이 부풀어 올랐다.

① 놀려 대도

② 까다로워도

③ 기분이 좋아도

④ 대신 생각해도

⑤ 세게 비틀어 짜도

교과 과정 | 5학년 2학기

13 현장에서 조사 대상을 직접 파악하는 조사 방법은 무엇입니까? ( )

① 책

② 글

③ 관찰

④ 면담

⑤ 설문지

교과 과정 6학년 1학기

14 비유하는 표현을 사용하면 좋은 점으로 알맞지 <u>않은</u> 것은 무엇입니까? (   )

① 장면이 쉽게 떠오른다.

② 상황이 실감 나게 느껴진다.

③ 글쓴이의 기분을 짐작할 수 있다.

④ 글쓴이의 의도를 쉽게 파악할 수 있다.

⑤ 글이나 그림책의 내용이 쉽게 이해된다.

교과 과정 6학년 1학기

코딩

15 다음 문장에 들어갈 알맞은 이어 주는 말을 보기 에서 골라 쓰시오.

친구들이 선빈이에게 생일 선물을 주었다. ☐☐☐☐ 나는 선물을 준비하지 못했다.

┌ 보기 ┐

그리고   하지만   그래서

(   )

교과 과정 6학년 1학기

16 다음은 자료를 활용하여 말하면 좋은 점입니다. 빈 칸에 들어갈 알맞은 말은 무엇입니까? (   )

자료를 활용하여 말하면 듣는 사람이 ☐☐☐(을)를 느끼게 할 수 있고, 정보를 효과적으로 전달할 수 있다.

① 혼란

② 흥미

③ 분노

④ 불안감

⑤ 어려움

교과 과정 6학년 1학기
17 다음 상황에서 사용할 수 있는 속담으로 알맞은 것은 무엇입니까? (   )

> 만 원을 주고 장난감을 샀습니다. 그런데 가지고 놀다가 고장 나서 고치러 갔더니 수리비가 만 오천 원이라고 합니다. 장난감 가격보다 수리비가 더 비쌉니다.

① 티끌 모아 태산
② 바늘 가는 데 실 간다
③ 배보다 배꼽이 더 크다
④ 세 살 버릇 여든까지 간다
⑤ 지렁이도 밟으면 꿈틀한다

신유형

교과 과정 5학년 2학기
18 다음 밑줄 친 낱말과 뜻이 비슷한 낱말을 골라 쓰시오.

> 반드시 헬멧을 착용해야 한다.

| 기필코 | 나란히 |

(   )

교과 과정 6학년 1학기
19 밑줄 친 '쌓다'가 다음과 같은 뜻으로 쓰인 것은 무엇입니까? (   )

> 물건을 차곡차곡 포개어 얹어서 구조물을 이루다.

① 형은 아궁이 앞에 장작을 쌓았다.
② 구두쇠는 곳간에 쌀을 쌓아 두고도 굶었다.
③ 무사는 실력을 쌓아서 다시 찾아오겠다고 다짐했다.
④ 지원이는 체육 자료실에 깔개를 차곡차곡 쌓아 놓았다.
⑤ 고려는 국경 지방에 천리 장성을 쌓으면서 외적의 침략에 대비했다.

창의

교과 과정 5학년 2학기
20 다음 문장에 쓰인 '눈'의 뜻으로 알맞은 그림의 기호를 쓰시오.

> 지금은 동지섣달 눈 덮인 서울 아니오?

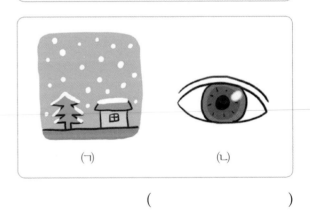

(ㄱ)   (ㄴ)

(   )

[교과 과정] 6학년 1학기

21 이순신이 짠 작전으로 알맞은 것은 무엇입니까?

( )

> 이순신은 오랜 고민 끝에 '울돌목(명량 해협)'을 싸움터로 정했습니다. 울돌목은 육지와 육지 사이에 낀 아주 좁은 바다였습니다.
>
> 이순신은 작전을 짰습니다.
>
> "우리는 모든 것이 적다. 무기도 적고, 군사도 적고, 배도 적다. 적은 것을 갑자기 늘릴 방법은 없다. 그러나 많아 보이게 할 수는 있을 것이다."
>
> 이순신은 우선 고기잡이배와 피난 가는 배들을 판옥선처럼 꾸미게 했습니다. 비록 실제로 싸울 수 있는 배는 먼저 구한 12척과 나중에 구한 1척, 이렇게 총 13척밖에 안 되었지만, 멀리서 보면 수십 척의 판옥선이 갖추어진 것처럼 보이게 한 것입니다.

① 갑자기 전쟁을 시작하는 것
② 판옥선으로 물길을 바꾸는 것
③ 판옥선의 수가 많아 보이게 하는 것
④ 백성들에게 새 무기를 만들게 하는 것
⑤ 물 흘러가는 소리를 크게 들리게 하는 것

[교과 과정] 6학년 1학기

22 다음 글에서 글쓴이는 근심 걱정에 싸여 있는 집이 있으면 어떻게 해야 한다고 이야기했습니까?

( )

> 너희는 항상 버릇처럼 말하기를 "일가친척 중에 한 사람도 불쌍히 여겨 돌보아 주는 사람이 없다."라고 개탄하였다. 더러는 험난한 물길 같다느니, 꼬불꼬불 길고 긴 험악한 길을 살아간다느니 하며 한탄하고 있다. 하지만 이는 모두 하늘을 원망하고 사람을 미워하는 말투로, 큰 병이다.
>
> 가난하고 외로운 노인이 있는 집에는 때때로 찾아가 무릎 꿇고 모시어 따뜻하고 공손한 마음으로 공경해야 한다. 그리고 근심 걱정에 싸여 있는 집에 가서 연민의 눈빛으로 그 고통을 함께 나누며 잘 처리할 방법을 의논해야 한다.

① 모른 척하여라.
② 고통을 함께 나누어라.
③ 무릎 꿇고 사과하여라.
④ 고마운 마음을 전하여라.
⑤ 공손한 마음으로 공경하여라.

[교과 과정] 5학년 2학기 **신경향**

23 다음 그림을 보고, '빛이 비치어 맑고 밝다.'라는 뜻을 가진 낱말을 골라 쓰시오.

환하다	어둡다

(   )

[교과 과정] 5학년 2학기 **융합**

24 다음 친구의 말에 해당하는 마찰력의 뜻으로 알맞은 것은 무엇입니까? (   )

마찰력은 한 물체가 다른 물체와 접촉한 상태에서 움직일 때, 물체의 움직임을 방해하는 힘을 말해.

① 물체의 움직임을 도와주는 힘
② 물체의 움직임을 밀어 주는 힘
③ 물체의 움직임을 크게 하는 힘
④ 물체의 움직임을 빠르게 하는 힘
⑤ 물체가 잘 움직이지 못하도록 방해하는 힘

국어

학업성취도 평가

1번~4번 문제는 듣고 푸는 문제입니다. 들려주는 내용을 잘 듣고 물음에 답하기 바랍니다. 내용은 한 번만 들려줍니다.

듣기평가

[1~2] 들려주는 내용을 듣고 물음에 답하시오.

교과 과정 5학년 2학기

1 (물음) '반론하기' 단계에서 하는 일은 무엇입니까?
(   )

① 근거를 들어 주장을 펼친다.
② 자기편 주장의 장점을 정리한다.
③ 근거와 관련해 구체적인 자료를 제시한다.
④ 토론의 주제에서 벗어난 의견을 제시한다.
⑤ 상대편이 펼친 주장에서 잘못된 점이나 궁금한 점을 지적하고 이에 답한다.

교과 과정 5학년 2학기

2 (물음) 찬성편의 주장에 대한 반대편의 반론으로 알맞은 것은 무엇입니까? (   )

① 학급 임원은 반드시 필요하다.
② 학생 대표 한두 명만 회의에 참여해야 한다.
③ 학급을 위해 봉사하는 것은 전체 학생이 다 할 수 있는 일이다.
④ 학급 임원을 뽑는 기준에 문제가 있다면 그 문제를 해결하면 된다.
⑤ 학생 대표는 모범적이면서 봉사 정신이 뛰어난 학생이 스스로 참여해야 한다.

[3~4] 들려주는 내용을 듣고 물음에 답하시오.

교과 과정 6학년 1학기

3 (물음) 수원 화성을 구경하러 온 사람들이 이용할 수 있도록 마련한 시설로 알맞은 것은 무엇입니까?
(   )

① 유람선
② 비행기
③ 화성 열차
④ 용주사 열차
⑤ 코끼리 열차

교과 과정 6학년 1학기

4 (물음) 용주사를 지은 까닭은 무엇입니까? (   )

① 사도 세자의 소원이어서
② 사도 세자의 명복을 빌기 위해서
③ 화성 공사 보고서를 보관하기 위해서
④ 정조 임금의 무덤인 건릉을 두기 위해서
⑤ 사도 세자의 무덤인 융릉을 두기 위해서

듣기평가 문제종료 1번~4번까지 듣기 문제가 끝났습니다.
5번~24번까지는 읽고 푸는 문제입니다.

5 교과 과정 5학년 2학기

다음 중 좋은 대화의 조건으로 알맞지 <u>않은</u> 것은 무엇입니까? (   )

① 웃으면서 하는 대화
② 귀 기울여 들어 주는 대화
③ 자신의 의견을 앞세우는 대화
④ 서로 이해하고 배려해 주는 대화
⑤ 말하는 사람에게 공감해 주는 대화

6 교과 과정 5학년 2학기

다음 중 예절을 지키며 누리 소통망에서 대화하는 방법으로 알맞지 <u>않은</u> 것은 무엇입니까? (   )

① 혼자서 너무 많이 말하지 않기
② 이상한 말이나 줄임 말 쓰지 않기
③ 말하고 싶은 내용을 정확하게 전달하기
④ 상대가 대화하고 싶은지 확인하고 말 걸기
⑤ 얼굴이 보이지 않을 경우 마음대로 말하기

7 교과 과정 5학년 2학기

다음 밑줄 친 '줌'으로 셀 수 있는 것은 무엇인지 골라 쓰시오.

> 소금을 한 <u>줌</u> 집어 들자 사람들은 박수를 쳤다.

두부	밀가루

(   )

국어

교과 과정 5학년 2학기

8 다음 중 글을 읽고 함께 고칠 때 주의할 점으로 알맞지 <u>않은</u> 것은 무엇입니까? (　　　)

① 평가 기준은 미리 정해 놓지 않는다.
② 너무 심하게 비난하며 말하지 않는다.
③ 고칠 점과 함께 좋은 점에 대한 의견도 제시한다.
④ 같은 의견이라도 상대가 기분 나쁘지 않게 말해야 한다.
⑤ 단점만 말하지 말고 어떻게 고치면 좋을지를 함께 말한다.

교과 과정 5학년 2학기

9 다음 중 영상 매체 자료로 알맞지 <u>않은</u> 것은 무엇입니까? (　　　)

① 영화
② 연속극
③ 누리집
④ 기록 영화
⑤ 애니메이션

융합

교과 과정 5학년 2학기

10 다음 글을 읽고, 1종 지레의 원리를 나타낸 그림의 기호를 쓰시오.

　　지레는 힘점, 받침점, 작용점의 위치에 따라 세 가지 종류로 나뉘어요. 받침점이 가운데에 있는 1종 지레, 받침점과 힘점 사이에 작용점이 있는 2종 지레, 받침점에서 작용점까지의 길이가 받침점에서 힘점 사이의 길이보다 긴 3종 지레로 나눌 수 있어요.

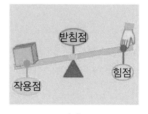
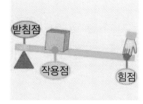

　　　　(㉠)　　　　　　　　(㉡)

(　　　　　　　)

11 다음 중 설문 조사 자료를 평가하는 기준으로 알맞지 <u>않은</u> 것은 무엇입니까? (   )

① 자료가 믿을 만한지 살펴본다.

② 자료의 출처가 정확한지 살펴본다.

③ 주장을 뒷받침하는 자료인지 살펴본다.

④ 조사 대상과 범위가 적절한지 따져 본다.

⑤ 내가 좋아하는 사람의 의견이 잘 담겼는지 살펴본다.

12 다음 중 발표할 때 주의할 점으로 알맞지 <u>않은</u> 것은 무엇입니까? (   )

① 너무 빠른 속도로 발표하지 않는다.

② 듣는 사람과 눈을 맞추며 발표해야 한다.

③ 한 화면에 너무 많은 내용을 제시하지 않는다.

④ 정리한 발표 내용만을 보면서 읽듯이 발표한다.

⑤ 듣는 사람이 잘 알아듣도록 알맞은 크기의 목소리로 발표한다.

13 다음을 보고, 그림에 어울리는 낱말을 각각 선으로 이으시오.

> '–식'은 '정하여진 방식에 따라 치르는 행사.'라는 의미의 '의식'이라는 뜻을 더해 주는 말입니다.

(1)    •

•㉠ 졸업식

(2)    •

•㉡ 결혼식

국어

창의

[교과 과정] 5학년 2학기

14 다음 그림을 보고 떠올릴 수 있는 말로 알맞은 것은 무엇입니까? (   )

① 즐겁다
② 뚱뚱하다
③ 행복하다
④ 활기차다
⑤ 핼쑥하다

[교과 과정] 6학년 1학기

15 다음 중 우리 마을 축제를 조사해 친구들 앞에서 발표하는 상황에서 활용할 수 있는 자료는 무엇입니까? (   )

① 옆 마을 축제의 사진
② 우리 마을 축제의 안내 자료
③ 옆 마을의 과거 모습이 담긴 동영상
④ 우리 마을 사람들의 직업을 조사한 표
⑤ 옆 마을의 관광지 순위가 정리된 도표

[교과 과정] 6학년 1학기

16 다음 글에서 글쓴이의 주장은 무엇입니까?

(   )

> 자연은 어머니의 따뜻한 품이자 우리의 영원한 안식처이다. 더 이상 무분별한 개발로 금수강산을 훼손해서는 안 된다. 자연 개발로 사라져 가는 동식물을 다시 이 땅으로 돌아오게 하여 더불어 살아야 한다. 지나친 개발 때문에 나타나는 지구 온난화와 이상 기후 현상이 더 이상 심해지지 않도록 노력하는 일도 우리 모두에게 남겨진 과제이다. 이제 우리 모두 자연 보호를 실천해야 한다.

① 동식물과 더불어 살아야 한다.
② 지구 온난화 문제가 심각하다.
③ 자연은 한번 파괴되면 복원되기 어렵다.
④ 이제 우리 모두 자연 보호를 실천해야 한다.
⑤ 자연은 어머니의 따뜻한 품이자 우리의 영원한 안식처이다.

교과 과정 6학년 1학기

17 다음 글을 읽고, '문화재'에 해당하는 것을 골라 쓰시오.

문화재는 역사적, 예술적, 문화적으로 보호해야 할 만한 가치가 있는 것들을 말한다. 예를 들어 경복궁, 남한산성, 고려청자 같은 것들을 문화재라고 한다.

불국사 다보탑

장난감 로봇

(   )

교과 과정 6학년 1학기

18 다음 속담의 빈칸에 공통으로 들어갈 말은 무엇입니까? (   )

- ☐☐☐☐☐ (은)는 물보다 진하다
- 바늘로 찔러도 ☐☐☐☐☐ 한 방울 안 난다

① 땀
② 피
③ 발
④ 콧물
⑤ 국물

교과 과정 6학년 1학기

19 다음 대화의 ㉠에 들어갈 속담으로 알맞은 것은 무엇입니까? (   )

한희: 어제 뉴스 봤니? 퓨마가 탈출했던 동물원에서 안전 관리 실태를 점검하고 있대.
혜주: 미리 점검하지 않고? _____㉠_____ (이)구나.

① 티끌 모아 태산
② 백지장도 맞들면 낫
③ 소 잃고 외양간 고치는 격
④ 하룻강아지 범 무서운 줄 모르는
⑤ 우물을 파도 한 우물을 파라는 것

[20~21] 다음 글을 읽고 물음에 답하시오.

> 현재 서울에 남아 있는 조선 시대의 궁궐은 모두 다섯 곳으로 경복궁, 창덕궁, 창경궁, 경희궁, 경운궁이다.
>
> 궁궐에는 왕과 왕비뿐만 아니라 왕실의 가족과 관리, 군인, 내시, 나인 등 많은 사람이 살았다. 이 사람들은 각자 자신의 신분에 알맞은 건물에서 생활했고, 건물의 명칭 또한 주인의 신분에 따라 달랐다. 예컨대 궁궐에는 강녕전이나 교태전과 같이 '전'자가 붙는 건물이 있는데, 이러한 건물에는 궁궐에서 가장 신분이 높은 왕과 왕비만 살 수 있었다. 왕실 가족이나 후궁들은 주로 '전'보다 한 단계 격이 낮은 '당'자가 붙는 건물을 사용했다.

교과 과정 6학년 1학기

20 위 글에 대한 설명으로 알맞지 <u>않은</u> 것은 무엇입니까? (   )

① 서울에는 경복궁이 남아 있다.

② 강녕전에는 후궁들만 살 수 있었다.

③ 왕실 가족이나 후궁들은 '당'자가 붙는 건물을 사용했다.

④ 현재 서울에 남아 있는 조선 시대의 궁궐은 모두 다섯 곳이다.

⑤ 궁궐에는 왕실의 가족과 관리, 군인, 내시 등 많은 사람이 살았다.

교과 과정 6학년 1학기

21 '전'자가 붙는 건물에는 누가 살았습니까?

(   )

① 군인

② 후궁들

③ 왕실 가족

④ 왕과 왕비

⑤ 내시나 나인

교과 과정 6학년 1학기

22 다음 편지글에서 밑줄 친 부분은 어디에 해당합니까? (   )

> 지효야, 아까는 당황스러워서 너에게 고맙다는 말을 제대로 못 했어. 정말 고마워! 네 따뜻한 마음을 잊지 않을게.
>
> 앞으로 내가 도와줄 일이 있으면 꼭 도와줄게.
>
> 그리고 우리 앞으로도 친하게 지내자.
>
> <u>안녕.</u>

① 첫인사

② 끝인사

③ 하고 싶은 말

④ 글을 쓴 사람

⑤ 편지를 받는 사람

코딩

<blockquote>교과 과정 6학년 1학기</blockquote>

23 다음 독감 예방 접종 안내문을 보고 알맞은 낱말을 골라 쓰시오.

독감 예방 접종

독감(인플루엔자)

A형 또는 B형 인플루엔자 바이러스에 의한 전염성이 높은 급성 호흡기 질환

※ 일반 감기 증상 외에 갑작스러운 38℃ 이상의 고열과 두통, 근육통 등 전신 증상이 나타나는 것이 특징입니다.

독감 유행 시기 및 적절한 접종 시기

우리나라의 독감 유행 시기는 12월~4월까지로, 유행 시기 시작 전인 10월~11월 안에 접종을 해야 항체가 충분히 만들어져 독감을 예방할 수 있습니다.

※ 접종 후 면역력 생성은 2주 정도 걸리며 면역력은 6개월 정도 지속됩니다.

이 안내문은 독감은 무엇이고 독감 예방 접종을 언제 해야 하는지 알려 주는 글이야. 급성 호흡기 질환이란 우리가 숨을 쉬는 일을 맡은 기관에 평소와 다른 이상 증세가 (1) (천천히 , 갑자기) 나타나고 빠르게 진행되는 몸의 온갖 (2) (병 , 땀)을 말해. 이 안내문을 읽고 적절한 시기에 독감 예방 접종을 하자.

(1) (   )

(2) (   )

신유형

<blockquote>교과 과정 6학년 1학기</blockquote>

24 다음 보기와 같이 두 낱말이 만나 한 낱말이 되면서 'ㄹ'이 없어지는 것에 대하여 알아보고, 바르게 쓴 낱말을 고르시오.

---보기---

바늘+질→바느질

(1) 딸+님→딸님

(2) 활+살→화살

(   )

국어

기초성취도 평가

1 교과 과정 5학년 2학기

수직선에 나타낸 수의 범위는 무엇입니까?

( )

① 18 이상인 수

② 19 이상인 수

③ 20 이상인 수

2 교과 과정 6학년 1학기

그림을 보고 수박 수와 사과 수의 비를 구하면 어느 것입니까? ( )

① 8 : 3

② 3 : 8

③ 3 : 5

3 교과 과정 5학년 2학기

정육면체를 찾아보시오. ( )

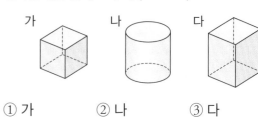

가   나   다

① 가   ② 나   ③ 다

창의

4 교과 과정 5학년 2학기

욕실에서 깨진 타일을 새 타일로 바꾸어 붙이려고 합니다. 세 타일 중에서 바꾸어 붙일 수 있는 타일을 찾아 기호를 쓰시오.

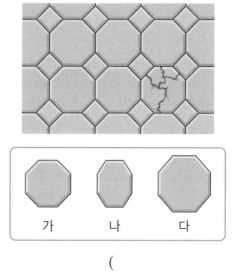

( )

5 〔교과 과정〕 5학년 2학기

왼쪽 도형과 서로 합동인 도형을 찾아보시오.

(   )

① 가   ② 나   ③ 다

6 〔교과 과정〕 6학년 1학기

나눗셈의 몫을 분수로 바르게 나타낸 것은 어느 것입니까? (   )

① $3 \div 7 = \dfrac{7}{3}$

② $5 \div 2 = \dfrac{2}{5}$

③ $8 \div 13 = \dfrac{8}{13}$

7 〔교과 과정〕 6학년 1학기

각뿔의 이름을 쓰시오.

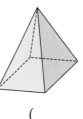

(   )

8 〔교과 과정〕 6학년 1학기   **융합**

넓이가 9 m²인 텃밭에 다음과 같은 4종류의 채소를 똑같은 넓이로 나누어 심으려고 합니다. 배추를 심을 텃밭의 넓이는 몇 m²입니까? (   )

| 오이 | 고추 | 배추 | 토마토 |

① $\dfrac{4}{9}$ m²   ② $\dfrac{1}{4}$ m²   ③ $2\dfrac{1}{4}$ m²

수학

9 전개도를 접으면 어떤 각기둥이 됩니까? (   )

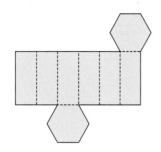

① 사각기둥

② 오각기둥

③ 육각기둥

신유형

10 유미가 3000원으로 과자를 사려고 합니다. 사려는 과자의 가격표가 찢어져 있을 때 유미가 가진 돈으로 과자를 살 수 있는지 □ 안에 알맞은 말을 쓰시오.

과자를 살 수 [   ] .

코딩

11 ★에 공통으로 들어갈 도형을 쓰시오.

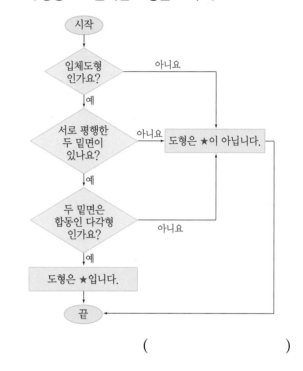

(   )

12 두 수의 곱은 얼마입니까? (   )

$$4\frac{1}{6} \qquad 5$$

① $20\frac{1}{6}$ ② $20\frac{5}{6}$ ③ $21\frac{1}{6}$

13 교과 과정 6학년 1학기

윤아네 반 학생들이 태어난 계절을 조사하여 나타낸 띠그래프입니다. 여름에 태어난 학생은 전체의 몇 %입니까? (   )

태어난 계절별 학생 수

0 10 20 30 40 50 60 70 80 90 100 (%)

봄 (30 %)	여름 (15 %)	가을 (35 %)	겨울 (20 %)

① 10 %   ② 15 %   ③ 20 %

14 교과 과정 5학년 2학기

정은이네 반 학생들이 돌린 훌라후프 횟수입니다. 훌라후프 횟수가 70회 초과인 학생은 몇 명입니까?

(   )

정은이네 반 학생들이 돌린 훌라후프 횟수

이름	정은	지민	소진	지호	희찬
횟수(회)	78	42	99	68	70

① 2명   ② 3명   ③ 4명

15 교과 과정 5학년 2학기

어림하여 계산 결과가 12보다 큰 것은 어느 것입니까? (   )

① 4.3×2 ② 3.2×4 ③ 2.7×3

융합

16 교과 과정 6학년 1학기

지구의 반지름을 1이라고 보았을 때의 태양과 각 행성의 반지름을 나타낸 것입니다. 천왕성의 반지름을 1이라고 본다면 목성의 반지름은 몇이 됩니까?

(   )

©Jut/shutterstock

이름	반지름	이름	반지름	이름	반지름
태양	109	지구	1	토성	9.4
수성	0.4	화성	0.5	천왕성	4
금성	0.9	목성	11.2	해왕성	3.9

① 2.4   ② 2.6   ③ 2.8

교과 과정 6학년 1학기

17 다음은 잘못 계산한 것입니다. 바르게 계산한 몫은 얼마입니까? (　　)

```
        2. 9
    4 ) 8. 3 6
        8
        3 6
        3 6
        0
```

① 2.09　　　② 20.9　　　③ 29

교과 과정 6학년 1학기

18 직육면체의 부피는 몇 cm^3입니까? (　　)

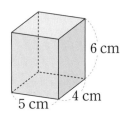

6 cm
5 cm
4 cm

① 80 cm^3
② 100 cm^3
③ 120 cm^3

교과 과정 5학년 2학기

19 다음 수들의 평균은 얼마입니까?

12	19	20	9	15

(　　　　　　)

신경향

교과 과정 5학년 2학기

20 보기와 같이 무늬(◈) 3개가 그려져 있는 정육면체를 만들 수 있도록 다음 전개도에 무늬(◈) 1개를 그려 넣어야 할 곳에 ○표 하시오.

보기
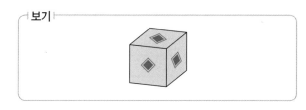

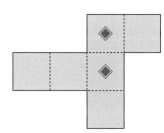

교과 과정 6학년 1학기

1 각기둥을 찾아보시오. (   )

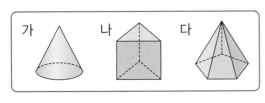

① 가   ② 나   ③ 다

교과 과정 5학년 2학기

2 선대칭도형에서 점 ㄷ의 대응점은 어느 것입니까?

(   )

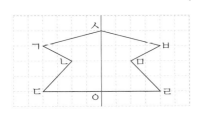

① 점 ㄹ   ② 점 ㅁ   ③ 점 ㅂ

교과 과정 5학년 2학기

3 수직선을 보고 □ 안에 알맞은 수를 써넣으시오.

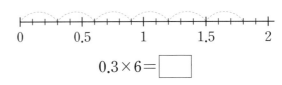

$$0.3 \times 6 = \boxed{}$$

코딩

교과 과정 5학년 2학기

4 그림과 같이 정사각형을 그리기 위한 코딩을 만들었습니다. 그린 정사각형의 둘레를 구하시오.

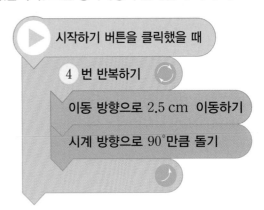

▶ 시작하기 버튼을 클릭했을 때

4 번 반복하기

이동 방향으로 2.5 cm 이동하기

시계 방향으로 90°만큼 돌기

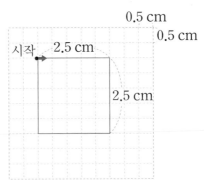

(정사각형의 둘레)$= 2.5 \times \boxed{} = \boxed{}$ (cm)

교과 과정 5학년 2학기

5 직육면체에서 서로 평행한 면은 모두 몇 쌍입니까?

( )

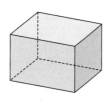

① 1쌍 ② 2쌍 ③ 3쌍

교과 과정 6학년 1학기

7 밑면의 모양이 페가수스 사각형과 같은 각뿔에서 꼭짓점과 모서리의 수를 찾아 선으로 이으시오.

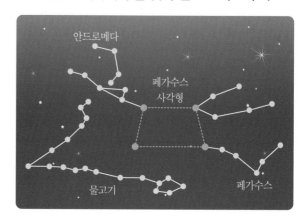

꼭짓점의 수 •		• 8개
모서리의 수 •		• 5개

교과 과정 6학년 1학기

6 다음 중에서 각뿔은 모두 몇 개입니까? ( )

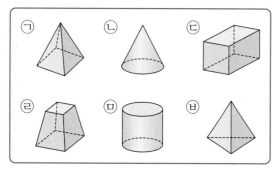

① 1개 ② 2개 ③ 3개

교과 과정 5학년 2학기

8 다음 중 35 이상 38 미만인 수는 모두 몇 개입니까?

( )

33	34	35	36	37	38	39

① 1개 ② 2개 ③ 3개

교과 과정 5학년 2학기

9 1분에 $\frac{3}{5}$ L씩 물이 나오는 수도꼭지가 있습니다. 이 수도꼭지로 10분 동안 받은 물은 모두 몇 L입니까?

(　　　)

① 4 L 　　　 ② 6 L 　　　 ③ 8 L

신경향

교과 과정 5학년 2학기

10 호영이가 어린이 몸짱 대회에 나가기 위해 9월 1일에서 2일까지 윗몸 일으키기를 하였습니다. 2일 동안의 평균은 몇 회입니까? (　　　)

① 26회 　　　 ② 28회 　　　 ③ 30회

교과 과정 5학년 2학기

11 회전판에서 화살이 파란색에 멈출 가능성을 수로 나타내면 얼마입니까?

(　　　　　　)

교과 과정 6학년 1학기

12 빈칸에 알맞은 수를 써넣으시오.

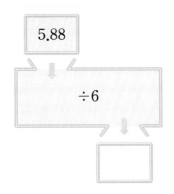

13 교과 과정 6학년 1학기

전체에 대한 색칠한 부분의 비율을 소수로 나타내면 얼마입니까? (　　　)

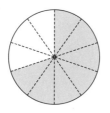

① 0.6　　　② 0.7　　　③ 0.8

융합

14 교과 과정 6학년 1학기

소금 20 g을 물 80 g에 섞어서 소금물을 만들었습니다. 소금물 양에 대한 소금 양의 비율은 몇 %입니까? (　　　)

소금 + 물 =
20 g　　80 g

① 20 %　　② 25 %　　③ 30 %

15 교과 과정 5학년 2학기

반올림하여 만의 자리까지 나타낸 것은 어느 것입니까? (　　　)

45289

① 30000　　② 40000　　③ 50000

16 교과 과정 6학년 1학기

민주네 반 학생들의 혈액형을 조사하여 나타낸 원그래프입니다. O형인 학생 수는 AB형인 학생 수의 몇 배입니까? (　　　)

혈액형별 학생 수

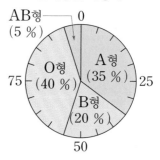

① 2배　　② 4배　　③ 8배

교과 과정 6학년 1학기

17 밀가루 6 kg을 $\dfrac{2}{3} \text{ kg}$씩 나누어서 봉지에 담으려고 합니다. 몇 봉지가 필요합니까? (   )

① 3봉지   ② 6봉지   ③ 9봉지

신유형

교과 과정 6학년 1학기

18 어느 해 권역별 출생아 수를 조사하여 나타낸 그림그래프입니다. 출생아 수가 가장 많은 곳은 어디입니까? (   )

권역별 출생아 수

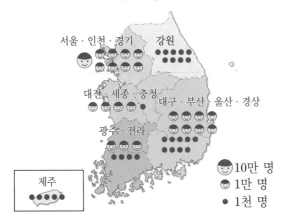

① 서울·인천·경기
② 대전·세종·충청
③ 대구·부산·울산·경상

교과 과정 6학년 1학기

19 다음 전개도를 접어 만든 직육면체의 겉넓이는 몇 cm^2입니까? (   )

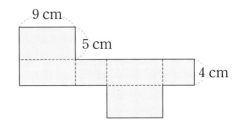

① 101 cm^2 ② 202 cm^2 ③ 303 cm^2

창의

교과 과정 5학년 2학기

20 은희가 계산기로 0.16×0.5를 계산하려고 두 수를 눌렀는데 0.16의 소수점 위치를 잘못 눌러서 0.8이라는 결과가 나왔습니다. 은희가 계산기에 누른 수를 ☐ 안에 써넣으시오.

☐ $\times 0.5$

학업성취도 평가

융합

교과 과정 5학년 2학기

1 그림을 보고 □ 안에 알맞은 수를 고르시오.

( )

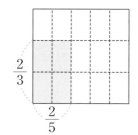

$$\frac{2}{3} \times \frac{2}{5} = \boxed{}$$

① $\frac{4}{3}$　　　② $\frac{4}{5}$

③ $\frac{4}{15}$　　　④ $\frac{2}{15}$

⑤ $\frac{11}{15}$

교과 과정 6학년 1학기

2 □ 안에 알맞은 수를 고르시오. ( )

$$7 \div 6 = 1\frac{\boxed{}}{6}$$

① 1　　　② 2

③ 3　　　④ 4

⑤ 5

교과 과정 5학년 2학기

3 구름의 양은 하늘 전체(10)에 구름이 얼마만큼 덮여 있는지를 판단하여 다음과 같이 구분합니다. 오늘 구름의 양의 범위를 찾아 ○표 하시오.

구분	맑음	구름 조금	구름 많음	흐림
구름의 양	2 이하	2 초과 5 이하	5 초과 8 이하	8 초과

2 이하　　　2 초과 5 이하

5 초과 8 이하　　　8 초과

교과 과정 6학년 1학기

4 자연수의 나눗셈을 이용하여 계산하려고 합니다. □ 안에 알맞은 수를 고르시오. ( )

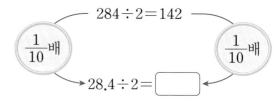

① 14.2　　　② 1.42

③ 0.142　　　④ 1420

⑤ 1.042

5 교과 과정 6학년 1학기

도형을 보고 각뿔은 모두 몇 개인지 고르시오.

( )

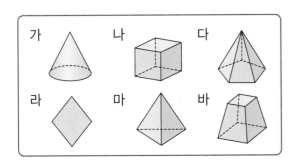

가 나 다
라 마 바

① 1개 ② 2개
③ 3개 ④ 4개
⑤ 5개

6 교과 과정 5학년 2학기

두 도형은 합동입니다. 변 ㅁㅂ은 몇 cm입니까?

( )

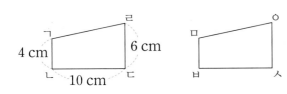

① 10 cm ② 6 cm
③ 4 cm ④ 14 cm
⑤ 16 cm

7 교과 과정 6학년 1학기

좋아하는 과목별 학생 수를 조사하여 나타낸 띠그 래프입니다. 가장 높은 비율을 차지하는 항목은 무엇입니까? ( )

좋아하는 과목별 학생 수

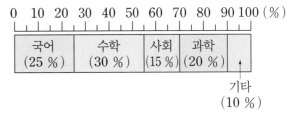

① 국어 ② 수학
③ 사회 ④ 과학
⑤ 기타

창의

8 교과 과정 5학년 2학기

수진, 리아, 희성 세 사람은 다이아몬드(◆) 모양, 하트(♥) 모양, 클로버(♣) 모양 중 각각 다른 모양의 카드를 한 장씩 가지고 있습니다. 대화를 읽고, 희성이가 가진 카드 모양을 찾아 ◯표 하고, 모양에 적힌 곱셈식의 계산 결과를 구하시오.

- 수진: 내 카드는 클로버 모양이야.
- 리아: 내 카드는 다이아몬드 모양이야.

다이아몬드 모양 카드　하트 모양 카드　클로버 모양 카드

( )

신유형

9 교과 과정 6학년 1학기
석구네 집의 구조를 그린 그림입니다. 부엌은 석구네 집의 몇 %를 차지합니까?

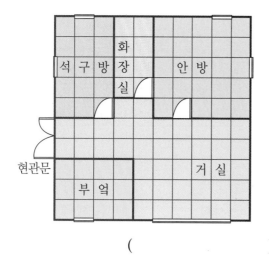

(   )

10 교과 과정 5학년 2학기
버림하여 백의 자리까지 나타내면 5800이 되는 자연수 중에서 가장 큰 수를 고르시오. (   )

① 5799　　　　② 5849
③ 5850　　　　④ 5899
⑤ 5900

11 교과 과정 5학년 2학기
상우는 매일 우유를 1.2 L씩 마십니다. 상우가 일주일 동안 마신 우유는 몇 L입니까? (   )

① 7.2 L　　　　② 7.6 L
③ 8 L　　　　④ 8.4 L
⑤ 8.8 L

12 교과 과정 6학년 1학기
다음 중 몫이 1보다 큰 나눗셈을 모두 고르시오.
(   )

① $2.46 \div 3$　　　　② $5.408 \div 4$
③ $4.55 \div 7$　　　　④ $8.16 \div 8$
⑤ $4.36 \div 6$

13 직육면체에서 색칠한 면과 수직인 면이 <u>아닌</u> 것은 어느 것입니까? ( )

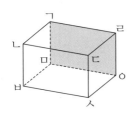

① 면 ㄱㄴㄷㄹ ② 면 ㅁㅂㅅㅇ
③ 면 ㄴㅂㅅㄷ ④ 면 ㄴㅂㅁㄱ
⑤ 면 ㄷㅅㅇㄹ

신경향

14 다음은 떡볶이 3인분을 만드는 데 필요한 재료와 재료의 양입니다. □ 안에 알맞은 분수를 써넣으시오.

떡볶이

(3인분)

재료

흰떡 150 g, 대파 $1\frac{1}{2}$개, 어묵 80 g,

고추장 $1\frac{1}{2}$큰술, 설탕 $\frac{4}{5}$큰술,

케첩 $1\frac{1}{2}$큰술, 다진 마늘 1큰술

떡볶이 1인분을 만들려면 고추장은 $\frac{1}{2}$큰술,

설탕은 □ 큰술 필요합니다.

15 직사각형의 넓이는 몇 cm²입니까? ( )

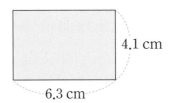

4.1 cm

6.3 cm

① 24.3 cm² ② 24.83 cm²
③ 25.31 cm² ④ 25.83 cm²
⑤ 26.31 cm²

융합

16 야구에서 전체 타수에 대한 안타 수의 비율을 타율이라고 합니다. 다음은 김우리 선수가 타석에 섰을 때 안타를 친 기록을 나타낸 표입니다. 타율을 소수로 나타내시오. (단, 김우리 선수의 기록에서 타석에 선 횟수와 타수는 같습니다.)

타석	안타	타석	안타
첫 번째	○	다섯 번째	○
두 번째	×	여섯 번째	×
세 번째	×	일곱 번째	○
네 번째	×	여덟 번째	×

$$(타율) = \frac{(안타\ 수)}{(전체\ 타수)} = \frac{\square}{\square} = \boxed{}$$

수

학

교과 과정 5학년 2학기

17 지우네 모둠의 팔굽혀펴기 기록을 나타낸 표입니다. 지우네 모둠의 팔굽혀펴기 기록의 평균은 몇 개입니까? (   )

지우네 모둠의 팔굽혀펴기 기록

이름	지우	민호	은서	시윤
기록(개)	9	14	3	6

① 6개   ② 7개

③ 8개   ④ 9개

⑤ 10개

코딩

18 주어진 명령을 실행하였을 때 다음 로봇이 말하는 각기둥의 이름을 쓰시오.

나는 명령에 따라 도착한 칸에 쓰여 있는 수가 면의 수가 되는 각기둥의 이름을 말해.

 시작하기 버튼을 클릭했을 때

오른쪽으로 2칸 이동 ⇆

아래쪽으로 3칸 이동 ⇆

		5
	6	10
7		8

(   )

교과 과정 5학년 2학기   신유형

19 다음은 세 자물쇠의 열쇠 구멍 모양입니다. 동규의 책상 서랍 자물쇠의 열쇠 구멍 모양은 열쇠를 넣고 180° 돌렸을 때, 처음 모양과 완전히 겹친다고 합니다. 다음 중 책상 서랍 자물쇠의 열쇠 구멍을 찾아 기호를 쓰시오.

가   나   다

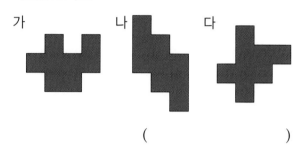

(   )

교과 과정 6학년 1학기

20 직육면체 모양 상자의 겉넓이는 몇 cm^2입니까?

(   )

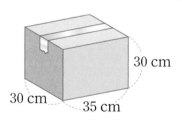

30 cm

30 cm   35 cm

① 1050 cm^2 ② 1950 cm^2

③ 3900 cm^2 ④ 4200 cm^2

⑤ 6000 cm^2

● 정답 18쪽

21 □ 안에 들어갈 수 있는 자연수는 모두 몇 개입니까?

(   )

$$2\frac{5}{8} \div 4 < \boxed{} < \frac{43}{4} \div 3$$

① 1개   ② 2개

③ 3개   ④ 4개

⑤ 5개

융합

22 주사위에서 서로 평행한 두 면의 눈의 수의 합은 7입니다. 보기와 같이 화살표 방향으로 주사위를 굴렸을 때, 바닥에 닿는 면의 눈의 수를 써넣으시오.

┌ 보기 ┐

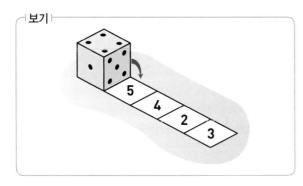

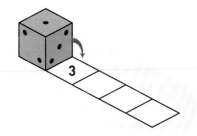

23 선분 ㅅㅇ을 대칭축으로 하는 선대칭도형의 둘레가 50 cm입니다. 선분 ㄷㅇ은 몇 cm입니까?

(   )

① 6 cm   ② 7 cm

③ 8 cm   ④ 9 cm

⑤ 10 cm

24 수 카드 4장을 한 번씩 모두 사용하여 계산 결과가 가장 큰 (소수 한 자리 수)÷(한 자리 수)를 만들려고 합니다. 만든 나눗셈을 바르게 계산한 것을 고르시오.

(   )

| 3 | 4 | 6 | 8 |

① 18.8   ② 28.8

③ 34.4   ④ 34.8

⑤ 34.2

수학

1 교과 과정 5학년 2학기

4 초과 7 미만인 수는 어느 것입니까? (   )

① 1   ② 3

③ 6   ④ 8

⑤ 9

2 교과 과정 5학년 2학기

다음 곱셈의 계산 결과는 어느 것입니까? (   )

$$4 \times \frac{2}{9}$$

① $\frac{6}{9}$ ② $\frac{8}{9}$

③ $\frac{2}{13}$ ④ $\frac{8}{13}$

⑤ $\frac{8}{36}$

3 교과 과정 6학년 1학기

각기둥은 어느 것입니까? (   )

①   ②

③   ④

⑤

4 교과 과정 5학년 2학기

보기 를 이용하여 □ 안에 알맞은 수를 써넣으시오.

┌ 보기 ┐

$$583 \times 17 = 9911$$

$$5.83 \times 1.7 = \boxed{}$$

교과 과정 5학년 2학기

5 두 도형은 서로 합동입니다. 각 ㄹㅁㅂ은 몇 도입니까? (   )

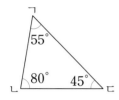
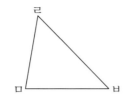

① 45°   ② 55°

③ 80°   ④ 90°

⑤ 100°

교과 과정 6학년 1학기

6 그림을 보고 사탕 수와 초콜릿 수의 비를 바르게 나타낸 것은 어느 것입니까? (   )

사탕   초콜릿

① 5 : 7   ② 7 : 5

③ 5 : 12   ④ 7 : 12

⑤ 12 : 5

교과 과정 6학년 1학기

7 지역별 도서관 수를 조사하여 나타낸 그림그래프입니다. 다 마을의 도서관은 몇 곳입니까? (   )

지역별 도서관 수

가   나

다   라

📚 10곳   📖 1곳

① 26곳   ② 28곳

③ 35곳   ④ 39곳

⑤ 43곳

융합

교과 과정 6학년 1학기

8 이스라엘에 있는 바위 사원의 밑부분은 밑면의 모양이 아저씨가 말하는 도형입니다. 이 각기둥의 이름은 무엇입니까?

밑면의 모양이   인 각기둥이란다.

(   )

수학 • **47**

교과 과정 5학년 2학기

9 직육면체에서 면 ㄱㄴㄷㄹ과 평행한 면은 어느 것입니까? ( )

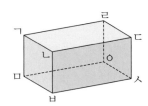

① 면 ㄱㅁㅂㄴ ② 면 ㄴㅂㅅㅇ
③ 면 ㄷㅅㅇㄹ ④ 면 ㄹㅇㅁㄱ
⑤ 면 ㅁㅂㅅㅇ

신경향

교과 과정 5학년 2학기

10 다음은 준영이의 간식표입니다. 이번 주에 필요한 간식을 준비하려면 우유는 몇 L가 필요합니까?

( )

준영이의 간식표

월	화	수	목	금
우유 0.35 L 빵 1개	우유 0.35 L 고구마 1개	주스 0.5 L 사과 1개	우유 0.35 L 바나나 1개	주스 0.5 L 빵 1개

① 0.35 L ② 0.7 L
③ 1.05 L ④ 1.4 L
⑤ 1.75 L

창의

교과 과정 5학년 2학기

11 민하와 정우가 고리 던지기 놀이를 하고 있습니다. 각자 고리를 1개 던져 막대에 걸었습니다. □ 안에 알맞은 수는 어느 것입니까? ( )

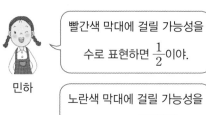

빨간색 막대에 걸릴 가능성을 수로 표현하면 $\frac{1}{2}$이야.

민하

노란색 막대에 걸릴 가능성을 수로 표현하면 □ 이야.

정우

① 0 ② 1
③ $\frac{1}{4}$ ④ $\frac{1}{2}$
⑤ $\frac{3}{4}$

교과 과정 6학년 1학기

12 대분수를 자연수로 나눈 몫을 구하시오.

$$3\frac{3}{4} \qquad 4$$

( )

13 정육면체의 전개도가 <u>아닌</u> 것은 어느 것입니까?

( )

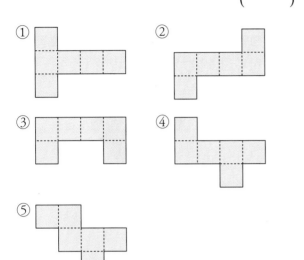

① ② ③ ④ ⑤

교과 과정 6학년 1학기 **코딩**

14 다음은 부피의 단위인 m^3를 cm^3 단위로 변환하는 순서도입니다. $0.9 \, m^3$를 입력했을 때 출력되어 나오는 값은 몇 cm^3입니까? ( )

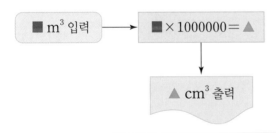

① $90 \, cm^3$ ② $900 \, cm^3$

③ $9000 \, cm^3$ ④ $90000 \, cm^3$

⑤ $900000 \, cm^3$

교과 과정 6학년 1학기

15 몫이 1보다 작은 나눗셈은 어느 것입니까?

( )

① $3.05 \div 5$ ② $5.2 \div 5$

③ $6.4 \div 5$ ④ $7.3 \div 5$

⑤ $9.1 \div 5$

교과 과정 5학년 2학기 **신유형**

16 북두칠성의 별 ㉡과 북극성 사이의 거리는 별 ㉠과 ㉡ 사이의 거리의 5배입니다. 서준이가 다음과 같이 북두칠성의 모양을 그렸을 때 별 ㉡과 북극성 사이의 거리는 몇 cm입니까? ( )

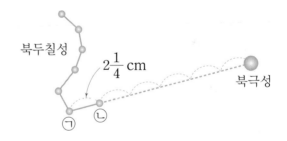

① $9 \, cm$ ② $18 \, cm$

③ $6\frac{3}{4} \, cm$ ④ $11\frac{1}{4} \, cm$

⑤ $13\frac{1}{2} \, cm$

수학

17 교과 과정 6학년 1학기

나무를 심을 흙 $\frac{12}{5}$ kg을 3명이 똑같이 나누어 가진다면 한 사람이 흙을 몇 kg씩 가질 수 있습니까?

( )

① $\frac{1}{5}$ kg ② $\frac{2}{5}$ kg

③ $\frac{3}{5}$ kg ④ $\frac{4}{5}$ kg

⑤ $\frac{6}{5}$ kg

18 교과 과정 5학년 2학기

다음 도형은 점대칭도형입니다. 이 도형의 둘레는 몇 cm입니까?

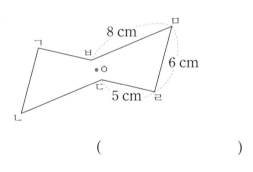

( )

19 교과 과정 6학년 1학기 **융합**

할머니께서는 소망이에게 생일 선물로 카메라를 선물하려고 합니다. 다음 카메라와 꼭 맞는 직육면체 모양 상자에 넣어 포장하려고 할 때, 포장하려는 상자의 겉넓이는 몇 cm²입니까? ( )

① 136 cm² ② 156 cm²

③ 392 cm² ④ 480 cm²

⑤ 576 cm²

20 교과 과정 6학년 1학기 **코딩**

다음과 같이 라면을 할인한다고 합니다. 할인 금액을 계산하는 순서도를 보고 출력되어 나오는 값은 얼마인지 고르시오. ( )

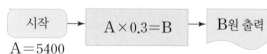

① 1080원 ② 1620원

③ 2700원 ④ 3240원

⑤ 3780원

신유형

21 축제 동영상의 일주일 동안 조회 수는 1400회이고, 공연 동영상의 10일 동안 조회 수는 2100회입니다. 두 동영상의 하루 평균 조회 수의 차는 몇 회입니까? (   )

축제 동영상　　　　　공연 동영상

신나는 놀이공원 축제

재미와 감동이 있는 공연

일주일 동안 조회 수 1400회　　　10일 동안 조회 수 2100회

① 5회　　　　　② 7회
③ 10회　　　　　④ 15회
⑤ 20회

23 6학년 학생 100명이 여가 시간을 어떻게 활용하고 있는지 조사하여 나타낸 띠그래프입니다. 여가 시간에 독서를 하는 학생은 몇 명입니까? (   )

여가 시간 활용

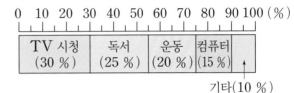

TV 시청 (30 %)	독서 (25 %)	운동 (20 %)	컴퓨터 (15 %)

기타(10 %)

① 30명　　　　　② 25명
③ 20명　　　　　④ 15명
⑤ 10명

22 가로가 4.8 m인 텃밭에 고추 모종 7개를 같은 간격으로 그림과 같이 심으려고 합니다. 모종 사이의 간격을 몇 m로 해야 합니까? (단, 모종의 두께는 생각하지 않습니다.) (   )

4.8 m

① 0.6 m　　　　② 0.65 m
③ 0.7 m　　　　④ 0.75 m
⑤ 0.8 m

24 3장의 수 카드를 각각 한 번씩 모두 사용하여 가장 큰 대분수와 가장 작은 대분수를 만들었습니다. 만든 두 대분수의 곱은 얼마입니까?

1　　3　　4

(　　　　　　　　)

수학

교과 과정 5학년 2학기

1 우리 역사에서 최초로 등장하는 국가는 어디입니까? (   )

① 백제

② 신라

③ 고조선

교과 과정 5학년 2학기

융합

2 다음 독서 감상문의 □ 안에 들어갈 알맞은 인물은 누구입니까? (   )

> 고구려의 전성기를 이끈 ☐️의 위인전을 읽었다. 서쪽으로는 요동 지역을 차지하고, 남쪽으로는 한강 지역까지 진출한 씩씩한 기상에 감탄했다.

① 주몽

② 근초고왕

③ 광개토 대왕

교과 과정 5학년 2학기

3 다음 중 『직지심체요절』에 대한 설명으로 옳은 것은 어느 것입니까? (   )

① 고구려의 문화유산이다.

② 왕의 생활 모습을 기록한 책이다.

③ 오늘날 전해지는 금속 활자 인쇄본 중 가장 오래된 것이다.

교과 과정 5학년 2학기

4 이성계를 중심으로 한 세력이 고려를 멸망시키고 세운 나라를 보기 에서 찾아 쓰시오.

┌ 보기 ┐

• 발해   • 조선   • 고구려

(   )

5 임진왜란 당시 다음 전법으로 승리를 거둔 전투는 무엇인지 지도에서 찾아 기호를 쓰시오.

교과 과정 5학년 2학기

▲ 학익진 전법

(   )

6 흥선 대원군이 서양과 교류하지 않겠다는 의지를 널리 알리고자 전국 각지에 세운 것은 어느 것입니까? (   )

교과 과정 5학년 2학기

① 척화비
② 탕평비
③ 삼전도비

7 다음 □ 안에 공통으로 들어갈 나라를 보기 에서 찾아 쓰시오.

교과 과정 5학년 2학기

고종은 을미사변 이후 □□□ 공사관으로 피해 머물렀으며, 이로 인해 조선에서 □□□의 영향력이 커지게 되었습니다.

보기
• 청   • 러시아   • 프랑스

(   )

8 1919년 3월 1일에 일어난 전국적인 항일 독립운동은 무엇입니까? (   )

교과 과정 5학년 2학기

① 3·1 운동
② 을사늑약
③ 동학 농민 운동

사회

교과 과정 5학년 2학기

9 1945년 8월 15일에 우리나라에서 일어난 일은 어느 것입니까? (   )

① 광복
② 토지 조사 사업
③ 대한민국 정부 수립

신경향

교과 과정 5학년 2학기

10 다음 '6·25 전쟁' 검색어에 대한 연관 검색어로 옳지 않은 것을 기호로 쓰시오.

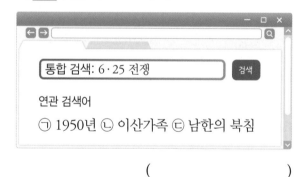

(   )

신유형

교과 과정 6학년 1학기

11 다음 힌트에서 설명하는 사람은 누구입니까?

(   )

나는 누구일까요?

힌트 ①	힌트 ②	힌트 ③
우리나라의 첫 번째 대통령입니다.	3·15 부정 선거를 실행했습니다.	4·19 혁명으로 대통령 자리에서 물러났습니다.

① 박정희
② 이승만
③ 전두환

교과 과정 6학년 1학기

12 민주주의를 실천하는 바람직한 태도는 어느 것입니까? (   )

① 나와 다른 의견을 인정한다.
② 상대방을 절대 배려하지 않는다.
③ 함께 결정한 일을 따르지 않는다.

13
다음 그림에 나타난 민주주의의 기본 정신을 보기에서 찾아 쓰시오.

책은 누구나 똑같이 일주일에 다섯 권씩만 빌릴 수 있어요.

보기
• 자유   • 평등   • 인간의 존엄

(   )

14
다음과 같은 일을 하는 국가 기관을 보기에서 찾아 쓰시오.

법을 만들거나 고치고 없애기도 하며, 나라의 살림에 필요한 예산을 심의하여 확정합니다.

보기
• 국회   • 법원   • 정부

(   )

15
다음 말풍선에 들어갈 알맞은 내용은 어느 것입니까? (   )

?

▲ 국방부

① 나라를 지켜요.
② 국토를 개발해요.
③ 기상을 관측해요.

16
다음 빙고판에서 1960년대에 우리나라 기업들이 주로 생산한 제품을 모두 지울 때, 1줄 빙고가 완성되는 것은 어느 것입니까? (   )

가발	신발	의류	①
반도체	자동차	컬러텔레비전	②
쌀	로봇	대형선박	③

교과 과정 6학년 1학기

17 1997년에 우리나라가 다른 나라에서 빌린 돈을 갚지 못해 겪은 경제적 어려움은 무엇입니까?

( )

① 환경 오염
② 외환 위기
③ 농촌에 일손 부족

교과 과정 6학년 1학기

18 다음 그림과 같이 두 나라가 서로 물건을 사고파는 것을 무엇이라고 하는지 보기에서 찾아 쓰시오.

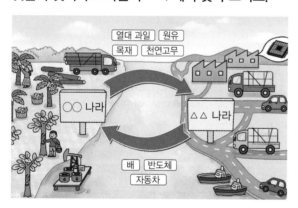

┌ 보기 ┐
· 무역   · 한류   · 해외여행

( )

교과 과정 6학년 1학기

19 우리나라가 다른 나라와 도움을 주고받으며 경제적으로 교류하는 이유는 무엇입니까? ( )

① 이익을 얻기 위해서
② 우리나라만 잘살면 되기 때문에
③ 각 나라가 가진 자원이 같기 때문에

창의

교과 과정 6학년 1학기

20 국외에서 수입하는 물건에 부과하는 세금을 뜻하는 말을 바르게 쓴 어린이를 기호로 쓰시오.

( )

교과 과정 5학년 2학기

1 고조선을 건국한 사람은 누구인지 보기 에서 찾아 쓰시오.

보기

• 주몽　　• 단군왕검　　• 박혁거세

(　　　　　　)

교과 과정 5학년 2학기

2 다음 지도는 어느 나라의 전성기 모습을 나타낸 것입니까? (　　　)

① 신라
② 백제
③ 고구려

교과 과정 5학년 2학기

3 다음은 장수왕의 업적입니다. □ 안에 들어갈 알맞은 지역은 어디입니까? (　　　　)

장수왕은 □ 지역으로 수도를 옮기고 남쪽으로 영역을 더욱 확장했습니다.

① 경주
② 평양
③ 공주

창의

교과 과정 5학년 2학기

4 두 어린이의 대화를 읽고, □ 안에 들어갈 알맞은 문화유산의 기호를 쓰시오.

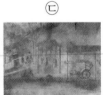

| ㉠ | ㉡ | ㉢ |

▲ 금동 연가 7년명 여래 입상　　▲ 무용총 접객도　　▲ 안악 3호분의 부엌과 고기 창고 그림

(　　　　　　)

사
회

5 질 좋은 철이 많이 생산되어 다음과 같은 철제 갑옷을 만들어 낸 나라를 보기 에서 찾아 쓰시오.

▲ 철제 갑옷과 투구

┌ 보기 ┐
• 부여   • 가야   • 고구려

(   )

신유형

6 대조영이 고구려 유민과 말갈족을 이끌고 동모산 지역에 세운 나라를 바르게 말한 어린이를 쓰시오.

▲ 선영   ▲ 지후   ▲ 현아

(   )

7 거란의 침입 때 서희의 담판 결과로 옳은 것을 기호로 쓰시오.

┌─────────────────────────┐
│ ㉠ 강동 6주를 얻었습니다.   │
│ ㉡ 거란을 멸망시켰습니다.   │
│ ㉢ 개경이 함락되었습니다.   │
└─────────────────────────┘

(   )

8 해의 그림자를 이용해 시간을 볼 수 있는 다음 시계의 이름은 무엇인지 보기 에서 찾아 쓰시오.

┌ 보기 ┐
• 거중기   • 자격루   • 앙부일구

(   )

코딩

9 다음 빈칸에 들어갈 말을 글자 카드에서 찾아, 카드에 적힌 숫자를 순서대로 적은 것은 어느 것입니까? (　　　)

> 권율은 □□□□에서 일본군을 물리치고 큰 승리를 거두었습니다.

| 성 1 | 행 2 | 주 3 | 한 4 | 가 5 | 산 6 |

① 2361
② 5661
③ 4561

10 다음은 병인양요에 대한 설명입니다. □ 안에 공통으로 들어갈 나라를 찾아 쓰시오.

> □□□은/는 1866년에 통상을 요구하며 강화도를 침략했습니다. 조선은 강화도로 군대를 보내 전투를 벌여 이들을 물리쳤습니다. 하지만 □□군은 조선군에 패하고 물러가면서 귀중한 책과 무기, 곡식 등을 약탈해 갔습니다.

중국　프랑스　영국

(　　　　　　　)

융합

11 다음 ㉢에 들어갈 알맞은 수는 어느 것입니까?

(　　　)

> ㉠ · ㉡ 혁명은 1960년 4월 19일, 민주주의를 억압한 독재 정부에 맞서 학생을 비롯한 시민이 스스로의 힘으로 민주주의를 지켜 낸 사건입니다.

$$㉡ - ㉠ = ㉢$$

① 13
② 15
③ 23

창의

12 다음은 6·29 민주화 선언의 내용입니다. 말풍선에 들어갈 알맞은 내용은 어느 것입니까? (　　　)

▲ 대통령 직선제

① 대통령을 국민이 직접 뽑는 것이 중요해.
② 우리는 인간으로서 존중 받을 권리가 있어.
③ 촛불 집회를 통해 평화적으로 사회 문제를 해결할 수도 있어.

교과 과정 6학년 1학기

13 다음 그림에 나타난 민주주의의 기본 정신을 보기에서 찾아 쓰시오.

가고 싶은 곳을 내 마음대로 갈 수 있어요.

┌─ 보기 ─────────────────────┐
│ • 자유　　• 평등　　• 인간의 존엄 │
└──────────────────────────┘

(　　　　　　　　　)

교과 과정 6학년 1학기

14 다음 중 선거의 기본 원칙에 대한 설명으로 옳지 <u>않</u>은 것은 어느 것입니까? (　　　　)

① 직접 선거는 자신이 직접 투표하는 것이다.
② 선거의 원칙은 공정한 선거를 위해 필요하다.
③ 보통 선거는 만 12세 이상 국민이면 누구나 투표할 수 있다는 것이다.

교과 과정 6학년 1학기

15 다음에서 설명하는 기관은 어디입니까? (　　　　)

┌──────────────────────────────┐
│ • 법에 따라 나라의 살림을 맡아 하는 곳입니다. │
│ • 대통령을 중심으로 국무총리와 여러 개의 │
│　부, 처, 청, 위원회가 있습니다. │
└──────────────────────────────┘

① 법원
② 정부
③ 헌법 재판소

교과 과정 6학년 1학기

16 다음 중 가계가 하는 일은 어느 것입니까? (　　　　)

① 상품을 만들어 판다.
② 사람들에게 일자리를 제공한다.
③ 소득으로 필요한 물건을 구입한다.

• 정답 25쪽

교과 과정 6학년 1학기

17 1990년대에 우리나라에서 반도체 산업이 발달하게 된 배경으로 옳은 것은 어느 것입니까? ( )

① 한류의 확산 때문이다.
② 섬유, 신발 등의 제품을 생산했기 때문이다.
③ 컴퓨터와 가전제품의 사용이 늘어났기 때문이다.

신경향

교과 과정 6학년 1학기

18 '오늘날 경제 성장으로 변화한 우리나라의 모습'을 주제로 발행된 기념우표를 기호로 쓰시오.

신발 생산

한류 확산

철 생산

( )

교과 과정 6학년 1학기

19 우리나라 경제 성장 과정에서 발생한 문제점이 아닌 것은 어느 것입니까? ( )

① 노사 갈등
② 환경 오염
③ 도시에 노동력 부족

교과 과정 6학년 1학기

20 다른 나라와의 경제 교류가 영향을 미친 대상을 알맞게 선으로 이으시오.

(1) 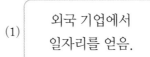 ·

· ㉠

(2) 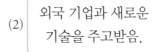 ·

· ㉡

사회

학업성취도 평가

교과 과정 5학년 2학기

1 다음 중 고조선과 관련 **없는** 내용은 어느 것입니까? (   )

① 당과 동맹을 맺었다.

② 여덟 개의 법 조항이 있었다.

③ 우리 역사 속 최초의 국가이다.

④ 우수한 청동기 문화를 바탕으로 세력을 확장했다.

⑤ 비파형 동검, 미송리식 토기가 대표 문화유산이다.

코딩

교과 과정 5학년 2학기

2 다음 빙고판에서 신라와 관련 있는 것을 모두 지울 때, 1줄 빙고가 완성되는 것은 어느 것입니까?

(   )

온조	무령왕릉	해동성국	①
박혁거세	분황사	법흥왕	②
무용총	근초고왕	광개토 대왕릉비	③
④	⑤		

융합

교과 과정 5학년 2학기

3 다음은 경민이의 사회 시험지입니다. 경민이의 시험 점수는 몇 점일까요? (   )

[문제당 2점]

번호	문제	경민이가 쓴 답
1	신라 말 지방에서 호족이 등장했다.	○
2	견훤이 세운 나라는 후고구려이다.	×
3	고려가 후삼국을 통일했다.	×

① 0점   ② 1점

③ 2점   ④ 4점

⑤ 6점

[교과 과정] 5학년 2학기

4 몽골의 1차 침입 이후 고려가 도읍으로 정해 옮긴 곳을 │보기│에서 찾아 쓰시오.

┌─보기├─────────────────────
• 개경   • 원주   • 한양
• 강화도   • 제주도
└──────────────────────────

(   )

[교과 과정] 5학년 2학기

5 팔만대장경판에 대한 설명으로 옳지 <u>않은</u> 것은 어느 것입니까? (   )

① 글자가 고르고 틀린 글자도 거의 없다.

② 합천 해인사 장경판전에 보관되어 있다.

③ 유네스코 세계 기록 유산으로 등재되어 있다.

④ 십여 년간 목판 8만여 장에 불경을 새긴 것이다.

⑤ 고려의 금속 활자 인쇄술이 뛰어났음을 알 수 있다.

[교과 과정] 5학년 2학기

6 다음 두 인물과 관련 있는 것을 │보기│에서 찾아 쓰시오.

▲ 정몽주   ▲ 정도전

┌─보기├─────────────────────
• 호족   • 거란   • 홍건적
• 신진 사대부   • 신흥 무인 세력
└──────────────────────────

(   )

사회

7 교과 과정 5학년 2학기 · 신경향

'세종 대의 발전'을 주제로 발행된 기념우표는 어느 것입니까? ( )

①
고려청자

② 대한민국 KOREA
경주 석굴암 석굴

③ 대한민국 KOREA
무령왕 금제 관식

④ 대한민국 KOREA
혼천의

⑤ 대한민국 KOREA
고인돌

8 교과 과정 5학년 2학기

병자호란 때 인조가 청 태종에게 항복한 곳은 어디입니까? ( )

① 독도 　　　　② 강화도
③ 삼전도 　　　④ 울릉도
⑤ 제주도

9 교과 과정 5학년 2학기 · 신유형

다음 힌트에서 설명하는 사람은 누구입니까?
( )

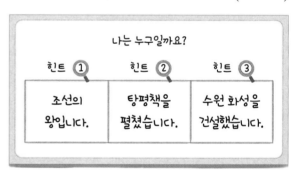

나는 누구일까요?

힌트 ①	힌트 ②	힌트 ③
조선의 왕입니다.	탕평책을 펼쳤습니다.	수원 화성을 건설했습니다.

① 영조 　　　　② 정조
③ 고종 　　　　④ 광해군
⑤ 흥선 대원군

10 강화도 조약에 대한 설명으로 옳은 것은 어느 것입니까? (   )

① 영국과 맺은 조약이다.

② 우리나라에 불평등한 조약이다.

③ 우리나라가 먼저 요구한 조약이다.

④ 외국과 맺은 두 번째 근대적 조약이다.

⑤ 선교사들을 박해한 사건을 빌미로 체결되었다.

11 대한 제국을 일본의 식민지로 만드는 데 앞장섰던 이토 히로부미를 하얼빈역에서 저격한 사람은 누구인지 보기에서 찾아 쓰시오.

> 보기
> • 이준   • 신돌석   • 안창호
> • 안중근   • 이회영

(   )

12 6·25 전쟁으로 인한 피해로 옳지 <u>않은</u> 것은 어느 것입니까? (   )

① 국토가 황폐해졌다.

② 건물, 도로 등이 파괴되었다.

③ 다시 일본의 식민 지배를 받게 되었다.

④ 많은 민간인이 다치거나 목숨을 잃었다.

⑤ 전쟁 중 가족이 서로 헤어져 만나지 못하는 이산가족이 생겼다.

13 다음은 5·18 민주화 운동에 대한 설명입니다. □ 안에 공통으로 들어갈 지역은 어디입니까?

(   )

> 전라남도 [   ]에서는 대규모 민주화 시위가 일어났습니다. 전두환은 시위를 진압할 계엄군을 [   ]에 보냈습니다. 이들은 시민들과 학생들을 향해 총을 쏘며 폭력적으로 시위를 진압했습니다. 이 과정에서 많은 사람이 다치거나 죽었습니다.

① 서울   ② 부산

③ 광주   ④ 대구

⑤ 대전

사회

14 교과 과정 6학년 1학기 **신경향**

다음 '6·29 민주화 선언' 검색어에 대한 연관 검색어로 가장 거리가 먼 것은 어느 것입니까? (   )

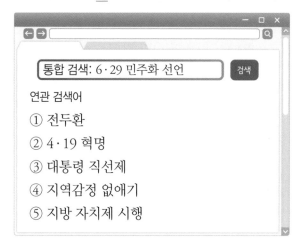

통합 검색: 6·29 민주화 선언   검색

연관 검색어

① 전두환
② 4·19 혁명
③ 대통령 직선제
④ 지역감정 없애기
⑤ 지방 자치제 시행

15 교과 과정 6학년 1학기

다음 중 생활 속 정치의 예가 아닌 것은 어느 것입니까? (   )

① 밥을 지어 먹는다.
② 가족들과 집안일을 나눈다.
③ 교실에서 청소 당번을 정한다.
④ 전교 어린이 임원 선거를 한다.
⑤ 지역에서 발생하는 쓰레기 문제를 해결한다.

16 교과 과정 6학년 1학기 **신유형**

다음은 '민주주의를 실천하는 태도'가 주제인 퍼즐입니다. 퍼즐을 완성하려고 할 때, 빈칸에 들어갈 알맞은 퍼즐 조각은 어느 것입니까? (   )

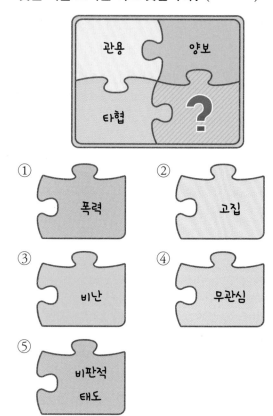

관용   양보   타협   ?

① 폭력
② 고집
③ 비난
④ 무관심
⑤ 비판적 태도

17 다음 기관에서 하는 일을 알맞게 선으로 이으시오.

(1) 국회 •

(2) 정부 •

• ㉠ 나라의 살림을 맡아 함.

• ㉡ 나라의 살림에 필요한 예산을 심의하여 확정함.

창의

18 다음 표지판에 정부에서 하는 일을 <u>잘못</u> 적은 것은 어느 것입니까? (   )

정부에서 하는 일

① 국방부: 나라를 지킵니다.
② 기상청: 국토를 개발하는 일을 담당합니다.
③ 소방청: 국민의 생명과 재산을 보호합니다.
④ 교육부: 국민의 교육에 관한 일을 책임집니다.
⑤ 문화재청: 우리나라의 문화유산을 보호하고 관리합니다.

19 다음 퀴즈의 답을 보기에서 찾아 각각 쓰시오.

Q1. 법에 따라 재판을 하는 곳은?

Q2. 국가 기관이 권력을 나누어 가지고 서로 감시하는 민주 정치의 원리는?

┌ 보기 ┐
• 법원   • 민주주의   • 국정 감사
• 권력 분립   • 세계 무역 기구

답1. (   ) 답2. (   )

20 다음 소비자가 합리적인 소비를 위해 고려한 선택 기준은 어느 것입니까? (   )

81 cm 300,000원   81 cm 400,000원

같은 조건이라면 더 싼 텔레비전이 좋겠어.

① 가격   ② 기능
③ 상표   ④ 디자인
⑤ 서비스

사회

교과 과정 6학년 1학기

21 우리나라 경제의 특징으로 옳지 <u>않은</u> 것은 어느 것입니까? (   )

① 개인은 직업을 선택할 자유가 있다.
② 기업이 이익을 얻으려고 경쟁을 한다.
③ 개인이 이익을 얻으려고 경쟁을 한다.
④ 개인이 소득을 자유롭게 사용하기 힘들다.
⑤ 기업은 무엇을 생산하고 판매할지 정할 수 있다.

교과 과정 6학년 1학기

융합

22 우리나라에서 다음 산업이 발전한 순서대로 나열했을 때, 가장 먼저 성장한 산업에서 가장 나중에 성장한 산업을 뺀 수는 몇입니까? (   )

전자 산업	250
철강 산업	950
신소재 산업	1700
식료품 공업	2200

① 500
② 700
③ 750
④ 950
⑤ 1450

교과 과정 6학년 1학기

23 다음과 같은 불공정한 경제 활동을 막기 위해 정부가 만든 기관은 어느 것입니까? (   )

우리 세 회사에서만 음료수를 생산하니 가격을 올리도록 합시다.

① 국가 정보원
② 인권 위원회
③ 헌법 재판소
④ 방송 통신 위원회
⑤ 공정 거래 위원회

교과 과정 6학년 1학기

24 다음 그림의 □ 안에 들어갈 알맞은 산업을 보기에서 찾아 쓰시오.

사람들이 값싼 수입 농산물만 먹으면 국가 유지의 기본이 되는 □이 흔들릴 수 있어.

┌ 보기 ┐
• 농업   • 임업   • 관광 산업
• 자동차 산업   • 생명 공학 산업
└

(   )

융합

1 다음 □ 안에 들어갈 알맞은 책을 뒤죽박죽 섞인 글자 카드 속에서 찾아 쓰시오.

고조선의 건국 이야기는 「_____」에 전해집니다.

(   )

2 고조선만의 문화를 보여 주는 문화유산을 두 가지 고르시오. (   )

① 무령왕릉
② 비파형 동검
③ 탁자식 고인돌
④ 익산 미륵사지
⑤ 경주 석굴암 석굴

3 다음 □ 안에 들어갈 알맞은 인물은 누구입니까?

(   )

> 백제의 전성기를 이끈 □□□은/는 남쪽 지역으로 영토를 넓히고 고구려를 공격해 북쪽으로 진출했습니다. 그리고 주변 나라들과 활발하게 교류했습니다.

① 궁예
② 견훤
③ 진흥왕
④ 근초고왕
⑤ 광개토 대왕

사회

교과 과정 5학년 2학기

4 다음은 '발해'가 주제인 퍼즐입니다. 퍼즐을 완성하려고 할 때, 빈칸에 들어갈 알맞은 퍼즐 조각은 어느 것입니까? (   )

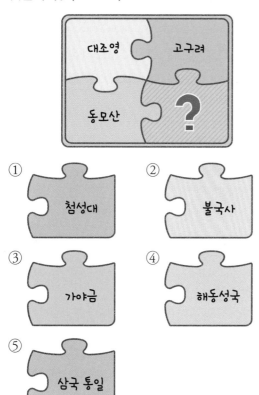

① 첨성대

② 불국사

③ 가야금

④ 해동성국

⑤ 삼국 통일

교과 과정 5학년 2학기

5 다음에서 설명하는 나라를 보기 에서 찾아 쓰시오.

- 고구려의 옛 땅에 세운 나라입니다.
- 송악의 호족인 왕건이 궁예를 몰아내고 세웠습니다.

보기
- 가야
- 고려
- 발해
- 고조선
- 후고구려

(   )

교과 과정 5학년 2학기

6 다음은 서희와 소손녕의 담판 모습입니다. 말풍선에 들어갈 알맞은 말은 어느 것입니까? (   )

우리와 국경을 접하고 있는데도 왜 바다를 건너 송과 교류하는가?

① 거란에는 우리가 필요한 물자가 없다.
② 바다가 험해 거란으로 가는 길이 위험하다.
③ 송나라에서 거란과 교류하지 못하게 막고 있다.
④ 거란은 문화가 발전하지 않아서 교류하지 않는다.
⑤ 여진이 길을 막고 있어 거란으로 가는 것이 어렵다.

[교과 과정] 5학년 2학기

7 다음과 같은 업적을 이룬 조선의 왕을 바르게 쓴 어린이는 누구입니까? (　　)

> • 측우기 발명
> • 훈민정음 창제

① 광해군
② 세종
③ 인조
④ 선조

[교과 과정] 5학년 2학기

8 다음에서 설명하는 조선 시대의 신분을 글자 카드에서 찾아, 카드에 적힌 숫자를 순서대로 적은 것은 어느 것입니까? (　　)

 대부분 농사를 지으며 나랏일이 있을 때 불려 가기도 했습니다.

천	상	반	양	민	중
1	2	3	4	5	6

① 12
② 15
③ 25
④ 43
⑤ 65

[교과 과정] 5학년 2학기

9 도윤이가 갑신정변에 대해 정리한 내용 중 옳지 않은 것을 찾아 기호를 쓰시오.

> ㉠ 능력에 따라 관리를 임명할 것을 주장했다.
> ㉡ 청에 대한 조공 허례를 폐지할 것을 주장했다.
> ㉢ 청군의 개입으로 3일 만에 끝나 버리고 말았다.
> ㉣ 전봉준이 고부 군수의 횡포를 막기 위해 일으켰다.
> ㉤ 우정총국의 개국 축하 잔치를 틈타 정변을 일으켰다.

(　　　　)

사

회

10 [교과 과정] 5학년 2학기

다음에서 설명하는 사건은 무엇입니까? (   )

> 일본은 경복궁에 침입해, 외교 정책의 제안자이며 고종의 정치적 조언자로서 적극적인 역할을 하고 있던 명성 황후를 시해하는 만행을 저질렀습니다.

① 단발령   ② 병자호란
③ 을미사변   ④ 병인양요
⑤ 동학 농민 운동

11 [교과 과정] 5학년 2학기

다음에서 설명하는 인물은 누구인지 쓰시오.

> 이화 학당의 학생으로 고향인 충청남도 천안에서 만세 시위를 주도했습니다. 감옥에 갇혀서도 독립 만세를 외쳤지만 결국 모진 고문을 받아 목숨을 잃었습니다.

(   )

12 [교과 과정] 5학년 2학기

일제가 우리의 민족정신을 훼손하려고 벌인 일이 <u>아닌</u> 것을 기호로 쓰시오.

> ㉠ 신사 참배를 강요했습니다.
> ㉡ 일본 역사를 배우게 했습니다.
> ㉢ 우리말을 쓰지 못하게 했습니다.
> ㉣ 이름을 일본식으로 바꾸게 했습니다.
> ㉤ 학교에서 우리나라의 역사를 제대로 가르치도록 했습니다.

(   )

13 [교과 과정] 6학년 1학기

다음에서 설명하는 사건은 어느 것입니까?

(   )

> 이승만 정부는 1960년 3월 15일에 예정된 정부통령 선거에서 이기려고 여러 가지 부정한 방법을 동원해 선거를 실행했고, 그 결과 선거에서 이겼습니다.

① 신미양요
② 4·19 혁명
③ 6월 민주 항쟁
④ 3·15 부정 선거
⑤ 강화도 조약 체결

14 다음 힌트와 관련 있는 사람은 누구입니까?

( )

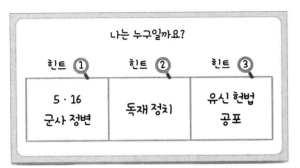

① 김홍도   ② 홍범도

③ 박정희   ④ 이승만

⑤ 장영실

15 다음 두 사례와 관련 있는 민주적 의사 결정 원리는 어느 것입니까? ( )

▲ 학급 회의로 안건 결정   ▲ 선거로 대표 결정

① 무력시위

② 삼권 분립

③ 촛불 집회

④ 가위바위보

⑤ 다수결의 원칙

16 다음 토의 상황에서 민주주의를 실천하는 태도 중 비판적 태도를 지닌 어린이를 쓰시오.

• 학급 문제: 학급 자리를 바꾸는 문제
• 의견: 키 순서로 정하면 좋겠습니다.

나희: 싫어. 나는 무조건 창가에 앉고 싶어.
정헌: 나는 키가 작으니까 앞에 앉게 될 거야.
은우: 키 순서로 앉자는 의견도 좋은 것 같아!
도훈: 시력이 좋지 않은 학생이 키가 클 수도 있어.
혜민: 결정한 일은 잘 따르고 실천하는 것이 중요해.

( )

사회

17 교과 과정 6학년 1학기 **신유형**

다음은 '국회 의원'이 주제인 퍼즐입니다. 퍼즐을 완성하려고 할 때, 빈칸에 들어갈 알맞은 퍼즐 조각은 어느 것입니까? (   )

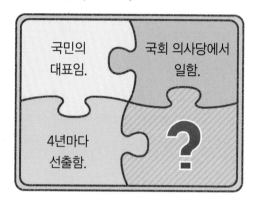

① 청와대에서 일함.
② 월급을 받지 않음.
③ 국민이 선거로 뽑음.
④ 정부의 최고 책임자임.
⑤ 우리 문화유산을 관리함.

18 교과 과정 6학년 1학기

다음과 같은 일을 하는 정부 조직을 보기에서 찾아 쓰시오.

국민의 건강을 책임지고 있어요.

보기
• 국방부   • 외교부   • 통일부
• 국토교통부   • 보건복지부

(   )

19 교과 과정 6학년 1학기

텔레비전을 구입할 때 합리적인 선택을 하지 않으면 생기는 일이 <u>아닌</u> 것은 어느 것입니까? (   )

① 비싸게 사서 후회한다.
② 평생 무상 관리 서비스를 받을 수 있다.
③ 디자인이 마음에 들지 않아 후회할 수 있다.
④ 쉽게 고장이 나서 다시 사야 하거나 사용하기에 불편할 수 있다.
⑤ 보다 큰 텔레비전을 살 수 있는데 작은 텔레비전에 만족해야 한다.

20 교과 과정 6학년 1학기 **신경향**

다음 ○, ✕ 퀴즈의 정답을 바르게 적은 어린이를 쓰시오.

기업의 합리적 선택에 대한 ○✕ 퀴즈
(1) 적은 비용으로 많은 수입을 얻기 위한 선택을 합니다.
(2) 많이 팔릴 물건을 만들기 위해 생산 비용을 생각하지 않아도 됩니다.

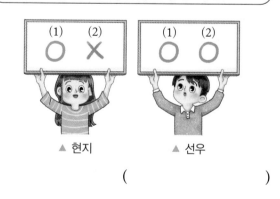

▲ 현지   ▲ 선우

(   )

교과 과정 6학년 1학기

21 다음과 같은 특징을 가진 시장을 보기에서 찾아 쓰시오.

장점	직접 갈 필요 없이 언제 어디에서든지 물건을 구매할 수 있음.
단점	물건이 광고와 다를 수 있음.

┌ 보기 ┐
- 전통 시장   • 외환 시장
- 부동산 시장   • 인터넷 쇼핑
- 대형 할인점

(   )

교과 과정 6학년 1학기

23 다음 힌트에서 설명하는 기관은 무엇입니까?
(   )

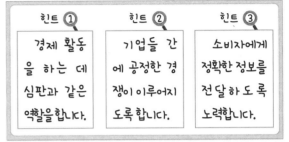

① 국회   ② 기상청
③ 청와대   ④ 문화재청
⑤ 공정 거래 위원회

교과 과정 6학년 1학기

22 다음 사진과 관련 있는 1960년대 우리나라의 주요 산업은 어느 것입니까? (   )

▲ 의류 생산

① 농업   ② 어업
③ 임업   ④ 경공업
⑤ 중화학 공업

교과 과정 6학년 1학기

24 다음은 우리나라의 나라별 무역액 비율을 나타낸 그래프입니다. 우리나라와 가장 활발하게 무역을 하는 나라는 어디입니까? (   )

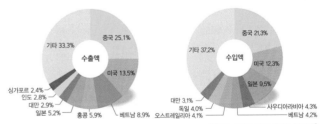

[출처: 한국 무역 협회. 2020]

① 대만   ② 인도
③ 중국   ④ 홍콩
⑤ 베트남

사
회

1 교과 과정 5학년 2학기
다음 중 탐구 계획을 세울 때 들어갈 내용으로 옳지 <u>않은</u> 것은 어느 것입니까? (   )

① 역할 분담

② 먹을 음식

③ 탐구 기간과 장소

2 교과 과정 5학년 2학기
다음 중 탐구 결과 발표 자료를 만들 때 들어가야 할 내용으로 옳지 <u>않은</u> 것은 어느 것입니까?

(   )

① 탐구 결과

② 탐구 비용

③ 탐구한 사람

3 교과 과정 5학년 2학기
다음 생태 피라미드에서 생산자이며 메뚜기의 먹이에 해당하는 생태계 구성 요소는 어느 것입니까?

(   )

매

개구리

메뚜기

벼

① 벼

② 매

③ 개구리

신유형

4 교과 과정 5학년 2학기
다음 생물 요소와 비생물 요소의 뜻을 줄로 바르게 이으시오.

(1) 비생물 요소 •

• ㉠ 살아 있는 것

(2) 생물 요소 •

• ㉡ 살아 있지 않은 것

교과 과정 5학년 2학기

5 다음과 같이 집기병에 차가운 물과 조각 얼음을 넣고 집기병 표면을 마른 수건으로 닦은 뒤 관찰하였더니 집기병 표면에 작은 물방울이 맺혔습니다. 이와 가장 관련이 깊은 자연 현상은 어느 것입니까?

(　　)

① 구름
② 이슬
③ 안개

교과 과정 5학년 2학기

6 다음은 우리나라의 계절별 날씨에 영향을 미치는 공기 덩어리를 나타낸 것입니다. ㉠에 대한 설명으로 옳은 것은 어느 것입니까? (　　)

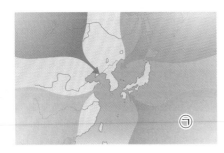

① 차갑고 습하다.
② 차갑고 건조하다.
③ 따뜻하고 습하다.

교과 과정 5학년 2학기

7 다음 중 1초 동안 운동하지 <u>않은</u> 물체는 어느 것입니까? (　　)

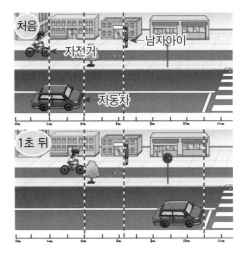

① 자전거
② 자동차
③ 남자아이

교과 과정 5학년 2학기

8 다음은 태규와 친구들이 출발선에서 동시에 출발하여 50 m 달리기를 한 결과를 기록한 것입니다. 가장 빠르게 달린 친구의 이름을 쓰시오.

이름	태규	민아	준후
걸린 시간	9초 03	8초 43	8초 33

(　　　　)

과학

창의

교과 과정 5학년 2학기

9 다음 분류 기준에 따라 보기 의 용액을 분류할 때 "그렇다."에 분류되는 것을 골라 기호를 쓰시오.

> 분류 기준: 색깔이 있는가?

보기

▲ 석회수　　　　▲ 유리 세정제

(　　　　　　)

융합

교과 과정 5학년 2학기

10 다음은 원희가 요구르트를 마시면서 엄마와 나눈 대화입니다. (　) 안에 들어갈 알맞은 말을 골라 쓰시오.

> • 원희: 요구르트는 새콤하고 맛있어요.
> • 엄마: 요구르트를 마신 후에는 치약으로 양치질을 해야 해.
> • 원희: 왜요?
> • 엄마: 요구르트는 산성 물질이기 때문에 충치가 생길 수 있거든. 치약은 (산성 / 염기성) 물질이라서 입안의 산성을 약하게 만들어 줘.

(　　　　　　)

신경향

교과 과정 6학년 1학기

11 다음 대화 중 가설을 세울 때 생각할 점을 바르게 이야기한 친구의 이름을 쓰시오.

> • 리안: 어렵고 긴 문장으로 자세하게 표현해야 해.
> • 지우: 아니야. 탐구를 하여 알아보려는 내용이 분명하게 드러나야 해.

(　　　　　　)

교과 과정 6학년 1학기

12 다음 달의 이름으로 옳은 것은 어느 것입니까?

(　　　)

① 보름달
② 하현달
③ 그믐달

13 교과 과정 6학년 1학기

다음 ㉠, ㉡ 중 지구의 자전에 대한 설명으로 옳은 것을 골라 기호를 쓰시오.

> 지구는 자전축을 중심으로 ㉠ 하루에 한 바퀴씩 ㉡ 동쪽에서 서쪽으로 회전하는데, 이것을 지구의 자전이라고 합니다.

(   )

14 교과 과정 6학년 1학기

다음 중 산소의 성질에 대한 설명으로 옳은 것은 어느 것입니까? (   )

① 색깔이 있다.
② 냄새가 난다.
③ 물질이 타게 도와준다.

15 교과 과정 6학년 1학기

다음 중 이산화 탄소의 냄새에 대한 설명으로 옳은 것은 어느 것입니까? (   )

① 고소한 냄새가 난다.
② 달콤한 냄새가 난다.
③ 냄새가 나지 않는다.

16 교과 과정 6학년 1학기

다음 기체와 생활 속에서 기체가 이용되는 예를 줄로 바르게 이으시오.

(1) 헬륨   •   •㉠ 풍선을 공중에 띄우는 데 이용함.

(2) 산소   •   •㉡ 응급 환자의 호흡 장치에 이용함.

과학

교과 과정 6학년 1학기

17 다음 중 뿌리에 대한 설명으로 옳지 <u>않은</u> 것은 어느 것입니까? (   )

① 식물의 온도를 조절한다.
② 뿌리의 생김새는 식물마다 다르다.
③ 뿌리털은 물을 더 잘 흡수하도록 도와준다.

교과 과정 6학년 1학기

18 다음은 붉은 색소 물에 넣어 둔 백합 줄기를 세로로 자른 단면입니다. 줄기의 세로 단면의 모습에 대한 설명으로 옳은 것은 어느 것입니까? (   )

① 검게 물든 부분이 있다.
② 붉은 선이 여러 개 보인다.
③ 가장자리만 붉게 물들었다.

교과 과정 6학년 1학기

19 다음과 같이 유리나 플라스틱 등으로 만든 투명한 삼각기둥 모양의 기구는 어느 것입니까? (   )

① 프리즘
② 망원경
③ 현미경

교과 과정 6학년 1학기

20 다음은 빛에 대한 설명입니다. (   ) 안에 들어갈 알맞은 말은 어느 것입니까? (   )

빛이 서로 다른 물질의 경계에서 꺾여 나아 가는 현상을 빛의 (   )(이)라고 합니다.

① 굴절
② 직진
③ 반사

과학

교과 과정 5학년 2학기

1 다음 중 탐구 결과 발표 자료를 만들 때 들어가야 할 내용으로 옳지 <u>않은</u> 것은 어느 것입니까?

( )

① 탐구 결과
② 더 탐구하고 싶은 것
③ 다른 모둠의 보완할 점

교과 과정 5학년 2학기

2 다음 먹이 관계에서 ⬜ 안에 들어갈 알맞은 생물은 어느 것입니까? ( )

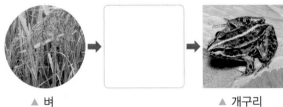

▲ 벼   ▲ 개구리

① 배추
② 메뚜기
③ 다람쥐

교과 과정 5학년 2학기

3 다음 중 얼음과 눈이 많은 서식지에서 여우가 살아남기에 유리한 털 색깔로 옳은 것은 어느 것입니까?

( )

① 검은색
② 하얀색
③ 무지개색

교과 과정 5학년 2학기

4 다음 중 공기 중 수증기가 높은 하늘에서 응결해 작은 물방울이나 얼음 알갱이 상태로 떠 있는 것은 어느 것입니까? ( )

① 구름
② 바람
③ 노을

[교과 과정] 5학년 2학기

5 다음은 우리나라의 계절별 날씨에 영향을 미치는 공기 덩어리를 나타낸 것입니다. ㉠~㉢ 중 겨울에 영향을 미치는 공기 덩어리는 어느 것입니까?

( )

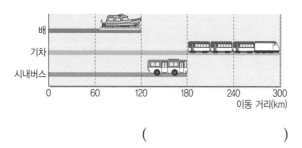

① ㉠
② ㉡
③ ㉢

[교과 과정] 5학년 2학기

6 다음은 3시간 동안 배, 기차, 시내버스가 이동한 거리를 나타낸 그래프입니다. 이 중 가장 빠른 교통수단의 이름을 쓰시오.

( )

[교과 과정] 5학년 2학기

7 다음 ㉠~㉢ 중 도로 주변에서 위험하게 행동한 어린이를 골라 기호를 쓰시오.

( )

[교과 과정] 5학년 2학기

8 묽은 수산화 나트륨 용액에 넣었을 때 다음과 같은 현상이 나타나는 물질은 어느 것입니까? ( )

> 물질이 흐물흐물해졌고, 시간이 지남에 따라 용액이 뿌옇게 흐려졌습니다.

① 두부
② 대리석 조각
③ 달걀 껍데기

9 【교과 과정】5학년 2학기   【창의】

다음과 같이 페트병 입구끼리 마주 보게 하여 셀로판테이프로 고정한 다음 1분을 측정할 수 있는 모래시계를 만들고 시간을 측정해 보았습니다. 측정한 시간이 1분보다 짧았을 때 문제점을 개선할 수 있는 방법을 바르게 설명한 친구의 이름을 쓰시오.

- 호은: 예쁜 색의 모래로 바꾸면 돼.
- 아영: 페트병에 모래를 더 넣으면 돼.

(   )

10 【교과 과정】5학년 2학기   【신유형】

산성 용액과 염기성 용액에 자주색 양배추 지시약을 떨어뜨렸을 때의 색깔 변화를 줄로 바르게 이으시오.

(1) 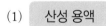 산성 용액 ·

· ㉠

▲ 붉은색으로 변함.

(2) 염기성 용액 ·

· ㉡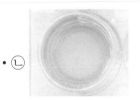

▲ 푸른색으로 변함.

11 【교과 과정】6학년 1학기

다음 ☐ 안에 들어갈 알맞은 말로 옳은 것은 어느 것입니까? (   )

탐구할 문제를 정하고 탐구의 결과를 예상하는 것을 ☐☐ 설정이라고 합니다.

① 가설
② 결과
③ 탐구

12 【교과 과정】6학년 1학기   【신경향】

다음 대화 중 가설을 세울 때 생각할 점을 바르게 설명한 친구의 이름을 쓰시오.

- 지은: 복잡하게 표현해야 해.
- 현서: 이해가 쉽도록 간결하게 표현해야 해.

(   )

과학

13 [교과 과정] 6학년 1학기
다음 중 지구의 공전에 대한 설명으로 옳지 <u>않은</u> 것은 어느 것입니까? (   )

① 지구가 태양을 중심으로 회전하는 것이다.
② 지구가 자전축을 중심으로 회전하는 것이다.
③ 지구의 공전 방향은 지구의 자전 방향과 같다.

15 [교과 과정] 6학년 1학기
다음 중 산소의 성질에 대한 설명으로 옳은 것은 어느 것입니까? (   )

① 산소는 검은색이다.
② 산소는 냄새가 없다.
③ 산소는 불을 끄는 성질이 있다.

신유형

14 [교과 과정] 6학년 1학기
다음은 계절에 따라 보이는 별자리를 나타낸 것입니다. 겨울철에 볼 수 <u>없는</u> 별자리는 어느 것입니까?
(   )

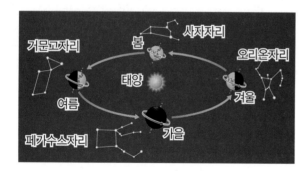

① 사자자리
② 오리온자리
③ 거문고자리

16 [교과 과정] 6학년 1학기
다음에서 설명하는 기체는 어느 것입니까? (   )

• 과자, 견과류 등을 포장할 때 이용합니다.
• 식품을 신선하게 보관하거나 혈액, 세포 등을 보존할 때 이용합니다.

① 질소
② 수소
③ 네온

● 정답 34쪽

17 다음은 붉은 색소 물에 넣어 둔 백합 줄기를 잘라 관찰한 것입니다. 붉게 물든 부분에 대한 설명으로 옳은 것은 어느 것입니까? (   )

▲ 가로 단면   ▲ 세로 단면

① 물이 이동한 통로이다.

② 양분이 이동한 통로이다.

③ 양분이 저장된 위치이다.

18 다음 중 식물의 각 부분이 하는 일에 대한 설명으로 옳지 <u>않은</u> 것은 어느 것입니까? (   )

① 열매는 어린 씨를 보호한다.

② 꽃은 꽃가루받이를 거쳐 씨를 만든다.

③ 열매는 씨가 멀리 퍼지지 않도록 한다.

19 다음과 같이 젓가락이 들어 있는 컵에 물을 부었을 때 컵 속 젓가락의 모습을 바르게 설명한 것은 어느 것입니까? (   )

① 젓가락이 꺾여 보인다.

② 젓가락이 더 길게 보인다.

③ 물을 붓지 않았을 때의 모습과 같다.

코딩

20 다음과 같이 장치하고 ㈎를 이용해 하얀색 도화지에 햇빛을 모으려고 합니다. ㈎의 모양으로 옳은 것을 골라 기호를 쓰시오.

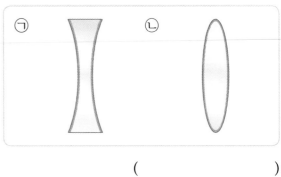

(   )

과

학

코딩

교과 과정 5학년 2학기

1 다음은 스스로 탐구하는 과정을 순서도로 나타낸 것입니다. (가), (나)에 들어갈 알맞은 과정을 바르게 짝 지은 것을 보기 에서 골라 기호를 쓰시오.

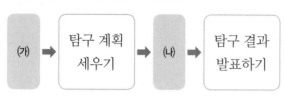

보기
ㄱ (가) 탐구 문제 정하기, (나) 탐구 실행하기
ㄴ (가) 탐구 실행하기, (나) 탐구 문제 정하기

(   )

교과 과정 5학년 2학기

2 다음 보기 는 연못 생태계의 구성 요소입니다. 이 중 생물 요소를 골라 바르게 짝지은 것은 어느 것입니까?

(   )

① ㄱ, ㄴ
② ㄱ, ㄷ
③ ㄱ, ㄹ
④ ㄴ, ㄷ
⑤ ㄷ, ㄹ

교과 과정 5학년 2학기

3 다음 생물 요소가 생산자, 소비자, 분해자 중 각각 무엇에 해당하는지 바르게 짝지은 것은 어느 것입니까? (   )

① 토끼 : 분해자
② 버섯 : 생산자
③ 봉숭아 : 소비자
④ 메뚜기 : 분해자
⑤ 느티나무 : 생산자

신유형

교과 과정 5학년 2학기

4 다음 대화 중 비생물 요소가 생물에 미치는 영향을 바르게 설명한 친구의 이름을 쓰시오.

• 아름: 햇빛이 없으면 강낭콩은 잘 자라지 못해.
• 민우: 공기가 없어도 동물은 숨을 잘 쉴 수 있어.
• 원준: 물은 생물이 생명을 유지하는 데 반드시 필요하지는 않아.

(   )

[교과 과정] 5학년 2학기

5 다음 모습과 관련 있는 수질 오염의 직접적인 원인은 어느 것입니까? (   )

① 농약 살포　　② 자동차 매연
③ 공장의 매연　　④ 쓰레기 배출
⑤ 공장 폐수 유출

[교과 과정] 5학년 2학기

6 다음 글에서 설명하는 것은 어느 것입니까?

(   )

> 공기 중에 수증기가 포함된 정도입니다.

① 습도　　② 온도
③ 위도　　④ 명도
⑤ 각도

[교과 과정] 5학년 2학기

7 다음 중 기상 조건에 따른 감기 발생 가능 정도를 단계별로 나타낸 것은 어느 것입니까? (   )

① 불쾌지수　　② 식중독 지수
③ 자외선 지수　　④ 감기 가능 지수
⑤ 피부 질환 지수

[교과 과정] 5학년 2학기

8 다음은 현아가 공원에서 초등학교까지 이동한 경로를 지도에 표시한 것입니다. 이동 거리가 1200 m, 걸린 시간이 600초일 때 속력을 바르게 나타낸 것은 어느 것입니까? (   )

① 2 m/s　　② 20 m/s
③ 200 m/s　　④ 0.2 m/s
⑤ 0.02 m/s

과학

융합

교과 과정 5학년 2학기

9 다음 속력과 관련된 안전장치를 기능에 맞게 줄로 바르게 이으시오.

(1)

▲ 안전띠

㉠ 자동차의 속력을 줄여서 사고를 막음.

(2)

▲ 과속 방지 턱

㉡ 긴급 상황에서 탑승자의 몸을 고정함.

교과 과정 5학년 2학기

10 다음 중 가장 빠른 물체는 어느 것입니까?

( )

① 120 km/h로 달리는 치타
② 240 km/h로 날아가는 양궁 화살
③ 4시간 동안 8 km를 이동한 등산객
④ 2시간 동안 280 km를 이동한 기차
⑤ 2시간 동안 500 km를 이동한 헬리콥터

교과 과정 5학년 2학기

11 다음은 어떤 용액에 자주색 양배추 지시약을 떨어뜨렸을 때의 결과를 나타낸 모습입니다. 이 용액은 다음 중 어느 것입니까? ( )

▲ 푸른색 계열의 색깔로 변한 용액

① 식초　　　　② 레몬즙
③ 사이다　　　④ 묽은 염산
⑤ 유리 세정제

교과 과정 5학년 2학기

12 다음은 서울 원각사지 십층 석탑을 유리 보호 장치로 보호하고 있는 모습입니다. ( ) 안에 들어갈 알맞은 말을 골라 쓰시오.

서울 원각사지 십층 석탑은 (고무 / 금속 / 대리석)(으)로 만들어져 있기 때문에 산성을 띤 빗물에 훼손될 수 있습니다.

( )

교과 과정 6학년 1학기

13 다음은 탐구 과정을 순서도로 나타낸 것입니다. ㈎와 ㈏에 들어갈 알맞은 과정을 바르게 짝지은 것을 보기 에서 골라 기호를 쓰시오.

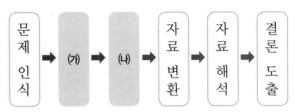

보기
ㄱ ㈎ 가설 설정, ㈏ 변인 통제
ㄴ ㈎ 변인 통제, ㈏ 가설 설정

( )

교과 과정 6학년 1학기

14 다음은 하루 동안 태양의 위치 변화를 나타낸 것입니다. ㉠, ㉡의 시간을 바르게 짝지은 것은 어느 것입니까? ( )

	㉠	㉡
①	오전 10시	오후 12시 30분
②	오후 6시	오후 12시 30분
③	오후 6시	밤 10시
④	오후 12시 30분	오후 6시
⑤	오후 12시 30분	오전 10시

과학

교과 과정 6학년 1학기

15 다음은 전등을 켜고 우리나라 위치에 관측자 모형을 붙인 후 지구의를 회전시키는 모습입니다. 이에 대한 설명으로 옳지 <u>않은</u> 것은 어느 것입니까?

( )

① ㉠ 위치는 낮이다.
② ㉡ 위치는 밤이다.
③ 전등은 태양을 나타낸다.
④ 관측자 모형이 있는 위치는 낮이다.
⑤ 지구의를 회전시켜도 낮과 밤은 바뀌지 않는다.

교과 과정 6학년 1학기

16 다음 중 달의 이름이 바르게 표시된 것은 어느 것입니까? ( )

①

▲ 초승달

②

▲ 그믐달

③

▲ 상현달

④

▲ 하현달

⑤

▲ 보름달

교과 과정 6학년 1학기

17 다음과 같이 잠수부의 압축 공기통과 호흡 장치에 이용하는 기체는 어느 것입니까? ( )

▲ 잠수부의 압축 공기통

▲ 응급 환자의 호흡 장치

① 수소
② 네온
③ 질소
④ 산소
⑤ 이산화 탄소

교과 과정 6학년 1학기

18 생활 속 온도 변화에 따라 기체의 부피가 달라지는 예를 줄로 바르게 이으시오.

(1)	온도가 높아지는 경우	•		• ㉠	물이 조금 담긴 페트병을 마개로 막아 냉장고에 넣고 시간이 지난 뒤 살펴보니 페트병이 찌그러짐.
(2)	온도가 낮아지는 경우	•		• ㉡	뜨거운 음식을 비닐 랩으로 포장하였더니 비닐 랩이 볼록하게 부풀어 오름.

교과 과정 6학년 1학기

19 다음과 같이 공기를 넣은 주사기의 입구를 손가락으로 막고 피스톤을 눌렀을 때 피스톤이 움직이는 까닭으로 옳은 것은 어느 것입니까? (   )

공기

① 주사기에 든 공기가 빠져나가기 때문이다.
② 주사기에 든 공기의 부피가 커지기 때문이다.
③ 주사기에 든 공기의 무게가 작아지기 때문이다.
④ 주사기에 든 공기의 부피가 작아지기 때문이다.
⑤ 주사기에 든 공기의 부피가 변하지 않기 때문이다.

신유형

교과 과정 6학년 1학기

20 다음 대화 중 꽃의 구조와 하는 일을 바르게 설명한 친구의 이름을 쓰시오.

> • 세영: 꽃은 꽃가루받이를 거쳐 씨를 만들어.
> • 민지: 꽃가루는 암술에서 만들어져.
> • 다솜: 암술, 수술, 꽃잎, 꽃받침이 모두 있어야 꽃이야.

(   )

과학

교과 과정 6학년 1학기

21 다음은 식물 세포와 동물 세포의 구조를 나타낸 것입니다. 식물 세포와 동물 세포에 공통적으로 있는 ㉠ 부분의 이름은 어느 것입니까? ( )

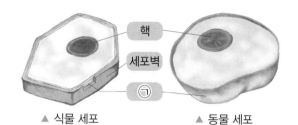

▲ 식물 세포   ▲ 동물 세포

① 잎   ② 줄기
③ 뿌리   ④ 기공
⑤ 세포막

교과 과정 6학년 1학기

23 다음은 프리즘을 통과한 햇빛의 모습을 그린 것입니다. 이를 보아 알게 된 점으로 옳은 것은 어느 것입니까? ( )

① 햇빛은 투명하지 않다.
② 햇빛의 빛깔은 흰색이다.
③ 햇빛은 프리즘을 통과하지 못한다.
④ 햇빛은 한 가지 빛깔로 이루어져 있다.
⑤ 햇빛은 여러 가지 빛깔로 이루어져 있다.

교과 과정 6학년 1학기

22 식물의 각 부분 중 뿌리에서 흡수한 물을 식물 전체로 보내는 일을 하는 것은 어느 것입니까?

( )

① 잎   ② 꽃
③ 씨   ④ 줄기
⑤ 열매

융합

교과 과정 6학년 1학기

24 다음은 지윤이와 현성이가 물속의 물고기를 보고 나눈 대화입니다. ( ) 안에 들어갈 알맞은 말을 골라 쓰시오.

> • 지윤: 물속에 있는 실제 물고기의 위치는 우리가 생각하는 물고기의 위치보다 더 아래쪽에 있어.
> • 현성: 정말? 왜 그런 거야?
> • 지윤: 물과 공기의 경계에서 빛이 꺾여서 우리 눈으로 들어오기 때문이지.
> • 현성: 아하! 빛의 (굴절 / 직진) 때문에 일어나는 현상이었구나.

( )

코딩

[교과 과정] 5학년 2학기

1 다음은 스스로 탐구하는 과정을 정리한 것입니다. ㉠에 들어갈 알맞은 탐구 방법으로 옳은 것은 어느 것입니까? (   )

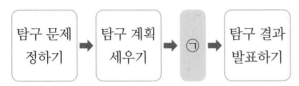

탐구 문제 정하기 → 탐구 계획 세우기 → ㉠ → 탐구 결과 발표하기

① 탐구 실행하기
② 탐구 문제 점검하기
③ 새로운 탐구 문제 정하기
④ 친구들의 질문에 대답하기
⑤ 생활용품의 작동 원리 알아보기

[교과 과정] 5학년 2학기

2 다음 보기 에서 생태계를 보전하기 위해 우리가 실천할 일로 옳은 것을 골라 바르게 짝지은 것은 어느 것입니까? (   )

보기

㉠ ▲ 쓰레기를 분리배출함.
㉡ ▲ 가까운 곳도 자동차를 타고 이동함.
㉢ ▲ 나무를 심음.
㉣ ▲ 일회용품을 사용함.

① ㉠, ㉡   ② ㉠, ㉢
③ ㉠, ㉣   ④ ㉡, ㉢
⑤ ㉢, ㉣

신유형

[교과 과정] 5학년 2학기

3 다음 생물을 생산자, 소비자, 분해자에 맞게 줄로 바르게 이으시오.

(1)
▲ 버섯

　　　　　　　　　• ㉠ 생산자

(2)
▲ 강아지풀

　　　　　　　　　• ㉡ 소비자

(3)
▲ 고양이

　　　　　　　　　• ㉢ 분해자

과학

교과 과정 5학년 2학기

4 다음 중 기압에 대한 설명으로 옳지 <u>않은</u> 것은 어느 것입니까? (   )

① 공기의 무게로 생기는 누르는 힘을 기압이라고 한다.

② 고기압과 저기압 중 상대적으로 더 무거운 것은 저기압이다.

③ 두 지점에 기압 차가 생기면 공기는 고기압에서 저기압으로 이동한다.

④ 고기압은 일정한 부피에 공기 알갱이가 많아 상대적으로 공기가 무거운 것이다.

⑤ 저기압은 일정한 부피에 공기 알갱이가 적어 상대적으로 공기가 가벼운 것이다.

교과 과정 5학년 2학기

6 다음은 이랑, 승민, 유리가 나눈 대화입니다. 이슬에 대해 바르게 설명한 친구의 이름을 쓰시오.

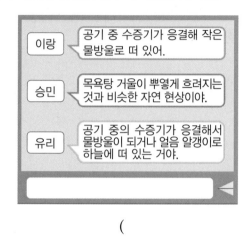

이랑 | 공기 중 수증기가 응결해 작은 물방울로 떠 있어.

승민 | 목욕탕 거울이 뿌옇게 흐려지는 것과 비슷한 자연 현상이야.

유리 | 공기 중의 수증기가 응결해서 물방울이 되거나 얼음 알갱이로 하늘에 떠 있는 거야.

(   )

교과 과정 5학년 2학기

5 다음 그래프는 지면과 수면의 하루 동안의 온도 변화를 나타낸 것입니다. 이에 대한 설명으로 옳은 것은 어느 것입니까? (   )

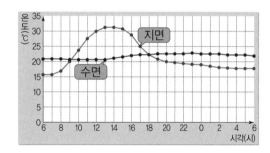

① 수면은 지면보다 빠르게 식는다.

② 지면과 수면의 온도 변화는 같다.

③ 지면은 수면보다 천천히 데워진다.

④ 낮에는 수면의 온도가 지면의 온도보다 높다.

⑤ 밤에는 지면의 온도가 수면의 온도보다 낮다.

교과 과정 5학년 2학기

7 다음 보기 에서 일정한 빠르기로 운동하는 물체를 모두 골라 짝지은 것은 어느 것입니까? (   )

보기
㉠ 축구공   ㉡ 자동길
㉢ 케이블카   ㉣ 롤러코스터

① ㉠, ㉡   ② ㉠, ㉢

③ ㉠, ㉣   ④ ㉡, ㉢

⑤ ㉢, ㉣

교과 과정 5학년 2학기

8 다음은 친구들이 50 m를 달리는 데 걸린 시간을 측정한 것입니다. 이에 대한 설명으로 옳지 <u>않은</u> 것은 어느 것입니까? (　　　)

이름	걸린 시간	이름	걸린 시간
정원	9초 12	성은	9초 25
석영	8초 34	재희	8초 55

① 석영이가 가장 빠르다.

② 성은이가 가장 느리다.

③ 일정한 시간 동안 이동한 거리로 친구들의 빠르기를 비교한다.

④ 결승선까지 달리는 데 가장 짧은 시간이 걸린 친구가 가장 빠르다.

⑤ 결승선까지 이동하는 데 걸린 시간으로 친구들의 빠르기를 비교한다.

교과 과정 5학년 2학기

9 다음은 ㈎~㈐ 종이 자동차가 4초 동안 이동한 거리를 나타낸 것입니다. ㉠, ㉡에 들어갈 종이 자동차의 기호와 말을 각각 옳게 짝지은 것은 어느 것입니까? (　　　)

구분	이동 거리
㈎ 종이 자동차	60 cm
㈏ 종이 자동차	120 cm
㈐ 종이 자동차	80 cm

　 ㉠ 　 종이 자동차가 가장 빠릅니다. 그렇게 생각한 까닭은 일정한 시간 동안 가장 　 ㉡ 　 거리를 이동했기 때문입니다.

　　㉠　　㉡　　　　　㉠　　㉡
① ㈎　긴　　　② ㈎　짧은
③ ㈏　긴　　　④ ㈏　짧은
⑤ ㈐　짧은

신유형

교과 과정 5학년 2학기

10 다음 중 붉은색 리트머스 종이를 푸른색으로 변하게 하는 용액의 기호를 쓰시오.

㉠ 식초　㉡ 레몬즙　㉢ 사이다　㉣ 석회수　㉤ 묽은 염산

(　　　　　　　)

교과 과정 5학년 2학기

11 다음은 우리 생활에서 산성 용액과 염기성 용액을 이용하는 예입니다. ㉠~㉣ 중 산성 용액을 이용하는 것끼리 바르게 짝지어진 것은 어느 것입니까?

( )

① ㉠, ㉡   ② ㉠, ㉢   ③ ㉡, ㉢
④ ㉡, ㉣   ⑤ ㉢, ㉣

교과 과정 5학년 2학기

12 여러 가지 용액을 다음과 같이 분류하였을 때 분류 기준으로 옳은 것은 어느 것입니까? ( )

① 투명한가?   ② 냄새가 나는가?
③ 색깔이 있는가?   ④ 신맛이 나는가?
⑤ 흔들었을 때 거품이 3초 이상 유지되는가?

교과 과정 6학년 1학기

13 다음 중 실험 결과를 보고 가설이 맞는지 판단하고 결론을 이끌어 내는 과정은 어느 것입니까? ( )

① 문제 인식   ② 가설 설정
③ 변인 통제   ④ 자료 해석
⑤ 결론 도출

14 교과 과정 6학년 1학기

다음은 희연, 정원, 가을이가 나눈 대화입니다. 실험할 때 주의할 점을 바르게 설명한 친구의 이름을 쓰시오.

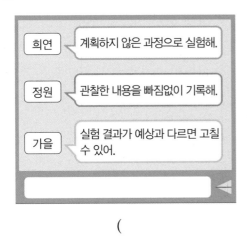

희연	계획하지 않은 과정으로 실험해.
정원	관찰한 내용을 빠짐없이 기록해.
가을	실험 결과가 예상과 다르면 고칠 수 있어.

(   )

15 교과 과정 6학년 1학기

다음은 하루 동안 지구의 움직임을 알아보기 위한 실험입니다. 이에 대한 설명으로 옳은 것은 어느 것입니까? (   )

전등

지구의

① 전등은 지구를 나타낸다.
② 지구의는 회전시키지 않는다.
③ 전등을 지구의 주위로 회전시킨다.
④ 지구의 자전에 대해 알아보는 실험이다.
⑤ 지구의는 동쪽에서 서쪽으로 회전시킨다.

16 교과 과정 6학년 1학기

다음은 지구의 공전을 나타낸 것입니다. 지구가 ㉠ 위치에서 다시 ㉠ 위치로 돌아오는 데 걸리는 시간을 바르게 나타낸 것은 어느 것입니까? (   )

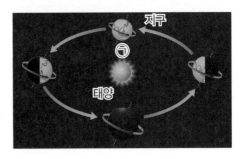

지구

㉠

태양

① 한 시간   ② 하루
③ 일주일   ④ 한 달
⑤ 일 년

17 교과 과정 6학년 1학기

다음 달의 이름으로 옳은 것은 어느 것입니까?

(   )

① 초승달   ② 상현달
③ 보름달   ④ 하현달
⑤ 그믐달

과학

신경향

교과 과정 6학년 1학기

18 다음과 같이 기체 발생 장치를 꾸민 뒤 탄산수소 나트륨과 진한 식초를 이용하여 기체를 발생시켰습니다. 실험을 통해 발생한 기체가 모이는 곳의 기호를 쓰시오.

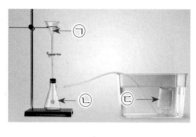

( )

교과 과정 6학년 1학기

19 다음과 같이 과자 등의 제품을 포장하는 용도로 사용되는 기체는 어느 것입니까? ( )

① 수소   ② 산소
③ 질소   ④ 네온
⑤ 이산화 탄소

교과 과정 6학년 1학기

20 다음 중 증산 작용에 대한 설명으로 옳은 것은 어느 것입니까? ( )

① 식물이 씨를 만드는 것을 말한다.
② 잎에 있는 기공을 통해 일어난다.
③ 뿌리에 있는 뿌리털을 통해 일어난다.
④ 식물이 스스로 양분을 만드는 것을 말한다.
⑤ 줄기에서 식물 밖으로 물을 내보내는 것을 말한다.

코딩

교과 과정 6학년 1학기

21 다음은 땅속의 물이 식물에서 이동하는 과정을 순서 없이 나열한 것입니다. 물이 이동하는 순서대로 기호를 쓰시오.

> ㉠ 물의 이동 통로를 통해 잎까지 이동한다.
> ㉡ 땅속의 물을 흡수한다.
> ㉢ 사용되고 남은 물을 식물 밖으로 내보낸다.

(→   →   )

22 교과 과정 6학년 1학기

다음은 컵에 젓가락을 넣고 물을 부었을 때 젓가락이 꺾여 보이는 모습입니다. 이에 대한 설명으로 옳은 것은 어느 것입니까? (　　　)

① 실제 젓가락이 휘어진다.
② 실제 젓가락의 위치가 변한다.
③ 빛이 공기와 물의 경계에서 꺾여 나아간다.
④ 빛이 공기와 물의 경계에서 통과하지 못한다.
⑤ 빛이 공기와 물의 경계에서 거울처럼 반사된다.

23 교과 과정 6학년 1학기

다음 여러 가지 기구를 만드는 데 공통적으로 이용한 것은 어느 것입니까? (　　　)

 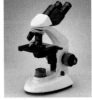 
　　▲ 망원경　　　　▲ 현미경　　　　▲ 확대경

① 프리즘
② 오목 렌즈
③ 볼록 렌즈
④ 평면 유리
⑤ 겉 상자와 속 상자

24 교과 과정 6학년 1학기 　창의

다음 중 오른쪽 '곰' 글자를 간이 사진기로 관찰했을 때의 모습을 바르게 나타낸 것은 어느 것입니까?
(　　　)

① 　②

③ 　④

⑤

과학

1번부터 12번까지는 듣고 답하는 문제입니다.
녹음 내용을 잘 듣고, 물음에 답하기 바랍니다.
내용은 한 번만 들려줍니다.

듣기평가

[교과 과정] 5학년 2학기

1 대화를 듣고, 알맞은 그림을 고르시오. (   )

①   ②   ③

[교과 과정] 5학년 2학기

2 다음을 듣고, 여자아이가 할 말로 알맞은 것을 고르시오. (   )

①   ②   ③

[교과 과정] 5학년 2학기

3 다음을 듣고, 남자아이의 장래 희망을 고르시오.

(   )

① 작가
② 여행가
③ 디자이너

[교과 과정] 5학년 2학기

4 다음을 듣고, 그림에 알맞은 응답을 고르시오.

(   )

①   ②   ③

5 교과 과정 6학년 1학기
다음을 듣고, 그림에 알맞은 것을 고르시오.

( )

① ② ③

신유형

7 교과 과정 6학년 1학기
대화를 듣고, 대화 내용과 일치하는 것을 고르시오.

( )

① 남자아이는 열이 난다.
② 남자아이는 이가 아프다.
③ 남자아이는 목이 아프다.

창의

6 교과 과정 6학년 1학기
다음을 듣고, 해당하는 장소를 지도에서 찾아 쓰시오.

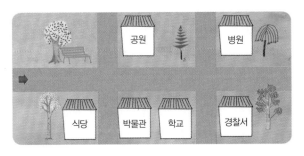

_____

신경향

8 교과 과정 6학년 1학기
다음을 듣고, 그림에 알맞은 그림과 연결하시오.

(1)   (2)
•   •

•   •
ⓐ   ⓑ

영어

교과 과정 6학년 1학기

9 대화를 듣고, 그림에 알맞은 남자아이의 응답을 고르시오. (   )

①   ②   ③

교과 과정 5학년 2학기

10 다음을 듣고, 알맞은 그림을 고르시오. (   )

①   ②   ③

교과 과정 6학년 1학기

11 다음을 듣고, 남자아이가 할 말로 알맞은 것을 고르시오. (   )

①   ②   ③

교과 과정 6학년 1학기

12 대화를 듣고, 행사가 열리는 날짜를 쓰시오.

_____ 월 _____ 일

듣기평가 문제종료   1번~12번까지 듣기 문제가 끝났습니다.
13번~20번까지는 읽고 푸는 문제입니다.

13 대화를 읽고, 알맞은 그림을 고르시오. (　　　)

A: What do you want to be?
B: I want to be a designer.

① ② ③

15 대화를 읽고, 사려고 하는 물건과 그 물건의 가격을 우리말로 쓰시오.

A: How much are the socks?
B: They are two dollars.

물건	(1)
가격	(2)

14 글을 읽고, 그림에서 해당하는 인물을 찾아 이름을 쓰시오.

He has short curly hair.
He is wearing glasses.

16 다음을 읽고, 알맞은 그림을 고르시오. (　　　)

I have a fever.

①  ② ③

융합

영어

17 교과 과정 5학년 2학기

그림을 보고, 빈칸에 알맞은 낱말을 고르시오.

(   )

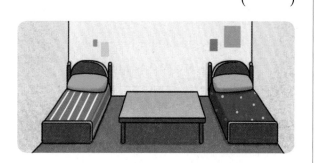

What a nice ＿＿＿＿＿＿＿!

① bathroom
② kitchen
③ bedroom

신경향

18 교과 과정 5학년 2학기

그림을 보고, 보기에서 알맞은 어구를 고르시오.

┌ 보기 ┐
ⓐ went camping
ⓑ read many books
ⓒ took many pictures
└   ┘

(1)    (2)

(   )   (   )

코딩

19 교과 과정 5학년 2학기

알파벳 글자들이 암호를 남겼습니다. 힌트를 보고 암호를 풀어 문장을 쓰시오.

힌트	♥	♣	◆	▲	◀	◈
	a	s	d	t	w	r

I like to ◆ ◈ ♥ ◀.

＿＿＿＿＿＿＿＿＿＿＿＿＿＿＿＿

20 교과 과정 6학년 1학기

대화를 읽고, 내용과 일치하지 <u>않는</u> 것을 고르시오.

(   )

Jenny: Where is the park?
Kevin: Go straight one block and turn right. It's behind the school.

① 제니는 공원을 찾고 있다.
② 공원은 곧장 한 구역 가서 왼쪽으로 돌면 있다.
③ 공원은 학교 뒤에 있다.

기초성취도 평가

1번부터 12번까지는 듣고 답하는 문제입니다.
녹음 내용을 잘 듣고, 물음에 답하기 바랍니다.
내용은 한 번만 들려줍니다.

듣기평가

[교과 과정] 5학년 2학기

1 대화를 듣고, 여자아이가 방학에 한 일로 알맞은
그림을 고르시오. (　　　)

① 　　　　　② 　　　　　③

[교과 과정] 5학년 2학기

2 대화를 듣고, 그림에 알맞은 것을 고르시오.

(　　　)

① 　　　　② 　　　　③

[교과 과정] 5학년 2학기

3 대화를 듣고, 남자아이가 좋아하는 과목을 고르시오.

(　　　)

① 국어　　　　② 수학　　　　③ 미술

신유형

[교과 과정] 5학년 2학기

4 대화를 듣고, 여자아이가 산 물건에 ○표를 하시오.

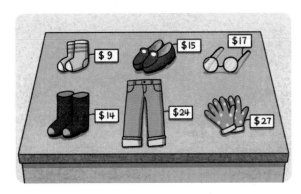

영어

5 교과 과정 5학년 2학기
다음을 듣고, 알맞은 그림을 고르시오. (　　　)

① ② ③

6 교과 과정 6학년 1학기
다음을 듣고, 그림에 알맞은 응답을 고르시오.

(　　　)

① ② ③

7 교과 과정 6학년 1학기
대화를 듣고, 그림에 알맞은 것을 고르시오.

(　　　)

① ② ③

8 교과 과정 5학년 2학기
대화를 듣고, 남자아이가 사려고 하는 물건을 고르시오. (　　　)

① ② ③

교과 과정 6학년 1학기

9 대화를 듣고, 여자가 지시한 것을 고르시오.

(   )

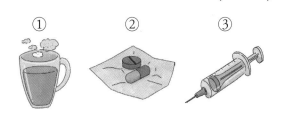

①   ②   ③

신경향

교과 과정 6학년 1학기

10 대화를 듣고, 여자아이가 이번 여름에 할 일을 우리말로 쓰시오.

교과 과정 6학년 1학기

11 다음을 듣고, 여자아이의 외모를 바르게 묘사한 것을 고르시오. (   )

①   ②   ③

코딩

교과 과정 6학년 1학기

12 대화를 듣고, 찾고 있는 장소로 가는 방법에 알맞은 그림을 바르게 짝 지은 것을 고르시오. (   )

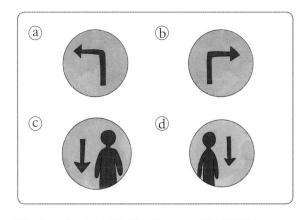

① ⓐ, ⓑ   ② ⓐ, ⓒ   ③ ⓑ, ⓒ

듣기평가 문제종료   1번~12번까지 듣기 문제가 끝났습니다. 13번~20번까지는 읽고 푸는 문제입니다.

영어

13 [교과 과정] 6학년 1학기

그림을 보고, 빈칸에 알맞은 문장을 고르시오.
( )

A: What are you going to do this weekend?

B: _____

① I'm going to stay home.
② I'm going to visit the museum.
③ I'm going to have soccer practice.

신유형

14 [교과 과정] 5학년 2학기

그림을 보고, 알맞은 어구에 연결하시오.

(1)

· · ⓐ ate delicious food

· · ⓑ took many pictures

(2)

· · ⓒ joined a book club

15 [교과 과정] 5학년 2학기

다음 글을 읽고, 묘사하는 장소를 우리말로 쓰시오.

This is the kitchen.
There is a stove.
There is a sink, too.

_____

창의

16 [교과 과정] 5학년 2학기

다음 글을 읽고, 'I'의 장래 희망으로 알맞은 그림에 ◯표 하시오.

I like to watch movies.
I want to be a movie director.
I want to make science movies.

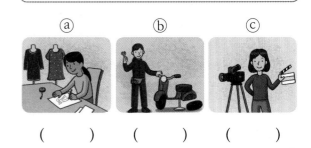

( ) ( ) ( )

17 교과 과정 6학년 1학기 그림을 보고, 남자아이가 할 말로 알맞은 것을 고르시오. (　　　)

① What's wrong?
② I have a headache.
③ That's too bad.

18 교과 과정 6학년 1학기 문장을 읽고, 해당하는 사람의 이름을 쓰시오.

(　　　)

I'm in the sixth grade.

_____

융합

19 교과 과정 6학년 1학기 문장을 읽고, 지도의 빈칸에 알맞은 장소 이름을 영어로 쓰시오.

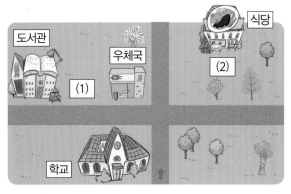

hospital	It's between the library and the post office.
restaurant	It's behind the park.

(1) _____

(2) _____

20 교과 과정 5학년 2학기 그림을 보고, 빈칸을 채워 문장을 완성하시오.

My favorite ☐☐☐☐☐☐
is Korean.

1번부터 14번까지는 듣고 답하는 문제입니다.
녹음 내용을 잘 듣고, 물음에 답하기 바랍니다.
내용은 한 번만 들려줍니다.

듣기평가

교과 과정 5학년 2학기

1 다음을 듣고, 그림에 알맞은 문장을 고르시오.
( )

① ② ③ ④ ⑤

교과 과정 6학년 1학기

2 다음을 듣고, 빈칸에 알맞은 말을 고르시오. ( )

A: _____
B: I have a cold.

① ② ③ ④ ⑤

교과 과정 5학년 2학기

3 다음을 듣고, 이어질 응답으로 어색한 것을 고르시오.
( )

① ② ③ ④ ⑤

교과 과정 5학년 2학기

4 다음을 듣고, 그림에 가장 알맞은 응답을 고르시오.
( )

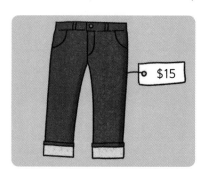

① ② ③ ④ ⑤

5 교과 과정 5학년 2학기 · 신유형

대화를 듣고, 빈칸에 들어갈 말을 우리말로 쓰시오.

남자아이의 장래 희망: _____

6 교과 과정 6학년 1학기

대화를 듣고, 도서관으로 가는 길로 알맞은 것을 고르시오. (　　　)

① 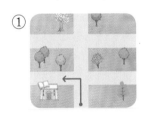 ②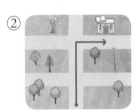

③ 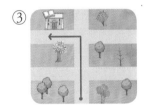 ④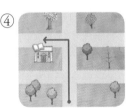

⑤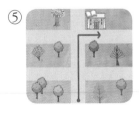

7 교과 과정 6학년 1학기

다음을 듣고, 여자아이가 할 말로 알맞은 것을 고르시오. (　　　)

①　　②　　③　　④　　⑤

8 교과 과정 6학년 1학기

다음을 듣고, 이어질 응답으로 가장 알맞은 것을 고르시오. (　　　)

①　　②　　③　　④　　⑤

영어

신유형

교과 과정 6학년 1학기

9 대화를 듣고, 남자아이의 학년으로 알맞은 것을 고르시오. ( )

① 2학년   ② 3학년
③ 4학년   ④ 5학년
⑤ 6학년

코딩

교과 과정 6학년 1학기

10 대화를 듣고, 공원의 위치로 알맞은 것을 고르시오. ( )

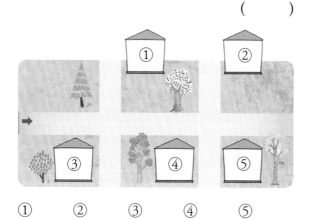

①   ②   ③   ④   ⑤

교과 과정 5학년 2학기

11 대화를 듣고, 여자아이가 좋아하는 과목을 고르시오. ( )

①    ②

③    ④

⑤

교과 과정 6학년 1학기

12 대화를 듣고, 전화를 받은 사람을 고르시오. ( )

① 미나   ② 대니
③ 토니   ④ 소라
⑤ 톰

13 다음을 듣고, 알맞은 응답을 고르시오. (　　　)

① ② ③ ④ ⑤

신유형

14 대화를 듣고, 빈칸에 들어갈 말을 우리말로 쓰시오.

장난감 박물관은 ＿＿＿＿＿＿＿ 옆에 있다.

15 그림을 보고, 여자아이가 할 말로 가장 알맞은 문장을 고르시오. (　　　)

① I want to be an engineer.
② I want to be a designer.
③ I want to be a singer.
④ I want to be a comedian.
⑤ I want to be a movie director.

16 그림을 보고, 주어진 철자로 시작하는 낱말을 넣어 문장을 완성하시오.

I went on a p＿＿＿＿＿＿ .

＿＿＿＿＿＿＿＿＿＿＿

듣기평가 문제종료 1번~14번까지 듣기 문제가 끝났습니다.
15번~24번까지는 읽고 푸는 문제입니다.

17 교과 과정 6학년 1학기

다음 글을 읽고, 제임스에 대한 내용과 일치하지 않는 것을 고르시오. (　　　)

> Hi, my name is James.
> I'm the guitarist in my band.
> I'm in the sixth grade.
> I can play the violin, too.
> I like listening to music.

① 밴드에 소속되어 있다.
② 기타 연주자이다.
③ 5학년이다.
④ 바이올린을 연주할 수 있다.
⑤ 음악 듣는 것을 좋아한다.

신경향

18 교과 과정 5학년 2학기

다음 글을 읽고, 밑줄 친 낱말을 알맞은 형태로 바꾸시오.

> I went to Busan with my family.
> I visited my grandparents.
> I ate delicious food.
> I <u>see</u> many birds and swam at the beach.

_____

창의

19 교과 과정 5학년 2학기

다음 낱말 퍼즐에서 찾을 수 <u>없는</u> 단어의 뜻을 고르시오. (　　　)

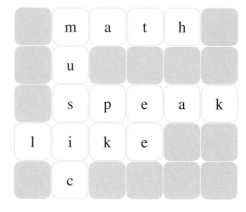

① 음악　　　　② 수학
③ 국어　　　　④ 말하다
⑤ 좋아하다

20 교과 과정 5학년 2학기

다음을 읽고, 사려고 하는 물건과 그 가격이 알맞게 짝 지어진 것을 고르시오. (　　　)

> A: Look at these pants. They look cool.
> B: May I help you?
> A: I want these pants. How much are these?
> B: They are forty dollars.

① 신발 – 30달러　　② 신발 – 40달러
③ 바지 – 30달러　　④ 바지 – 40달러
⑤ 바지 – 50달러

21 교과 과정 5학년 2학기 문장을 읽고, 묘사하는 장소에 감탄하는 문장을 고르시오. (　　)

> There is a stove and a sink.

① What a nice classroom!

② What a nice kitchen!

③ What a nice bedroom!

④ What a nice bathroom!

⑤ What a nice living room!

22 교과 과정 6학년 1학기 대화를 읽고, 내용과 일치하는 것을 고르시오.
(　　)

> Kate: Let's play outside.
>
> John: Sorry, I can't.
>
> Kate: What's wrong?
>
> John: I have a cold.
>
> Kate: You have a fever, too. Drink warm water and go to bed early.
>
> John: Thank you.

① 케이트는 존의 제안을 거절했다.

② 케이트는 감기에 걸렸다.

③ 존은 열이 난다.

④ 존은 콧물이 난다.

⑤ 존과 케이트는 밖에 나갈 것이다.

23 융합 교과 과정 6학년 1학기 자연스러운 대화가 되도록 순서대로 바르게 배열한 것을 고르시오. (　　)

> ⓐ It's on November 20th. Can you come to the contest?
>
> ⓑ Come to Doremi Park at 1.
>
> ⓒ When is the dance contest?
>
> ⓓ Okay. See you.
>
> ⓔ Of course.

① ⓐ － ⓑ － ⓒ － ⓓ － ⓔ

② ⓑ － ⓔ － ⓐ － ⓓ － ⓒ

③ ⓒ － ⓐ － ⓑ － ⓓ － ⓔ

④ ⓒ － ⓐ － ⓔ － ⓑ － ⓓ

⑤ ⓒ － ⓓ － ⓑ － ⓔ － ⓐ

24 신경향 교과 과정 5학년 2학기 대화를 읽고, 민수가 하고 싶어 하는 것을 찾아 5단어로 쓰시오.

> Kelly: What do you want to be?
>
> 민수:　I want to be a traveler. I want to travel to many countries.

하고 싶은 일: _____

영어

1번부터 14번까지는 듣고 답하는 문제입니다.
녹음 내용을 잘 듣고, 물음에 답하기 바랍니다.
내용은 한 번만 들려줍니다.

듣기평가

교과 과정 6학년 1학기

1 대화를 듣고, 그림의 상황에 가장 알맞은 것을 고르시오. (   )

① ② ③ ④ ⑤

교과 과정 6학년 1학기

2 다음을 듣고, 빈칸에 알맞은 말을 고르시오.

(   )

A: _____
B: Go straight one block and turn right.

① ② ③ ④ ⑤

교과 과정 5학년 2학기

3 대화를 듣고, 여자아이가 방학 동안 한 일로 알맞은 그림을 고르시오. (   )

①  ②

③  ④

⑤

신유형

교과 과정 5학년 2학기

4 대화를 듣고, 여자아이가 묘사하는 장소를 우리말로 쓰시오.

묘사하는 장소: _____

교과 과정 6학년 1학기

5 다음을 듣고, 알맞은 장소를 고르시오. (   )

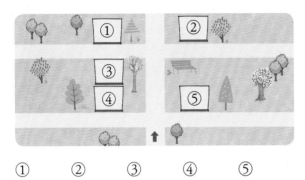

① ② ③ ④ ⑤

교과 과정 6학년 1학기

7 대화를 듣고, 대화 내용과 일치하는 것을 고르시오.
(   )

① 현장 체험 학습은 7월 10일이다.

② 드론 축제는 7월 13일이다.

③ 남자아이는 여자아이를 현장 체험 학습에 초대했다.

④ 여자아이는 드론 축제에 갈 수 없다.

⑤ 여자아이 아빠의 생신은 6월 30일이다.

교과 과정 6학년 1학기

6 대화를 듣고, 어색한 것을 고르시오. (   )

① ② ③ ④ ⑤

교과 과정 6학년 1학기

8 대화를 듣고, 남자아이의 마지막 말에 이어질 여자 아이의 응답으로 알맞은 것을 고르시오. (   )

① ② ③ ④ ⑤

영어

신유형

9

교과 과정 5학년 2학기

대화를 듣고, 여자아이가 방학에 간 곳으로 알맞은 것을 고르시오. (   )

① 서울   ② 경주
③ 독도   ④ 전주
⑤ 강릉

10

교과 과정 6학년 1학기

대화를 듣고, 피아노 연주회가 언제인지 쓰시오.

4월 _____ 일

11

교과 과정 6학년 1학기

대화를 듣고, 대화가 끝난 후 남자아이가 할 일을 나타낸 그림을 모두 고르시오. (   )

① 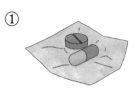   ②

③ 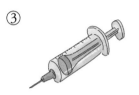   ④

⑤

12

교과 과정 5학년 2학기

다음을 듣고, 이어질 응답으로 가장 알맞은 것을 고르시오. (   )

①   ②   ③   ④   ⑤

교과 과정 5학년 2학기

13 다음을 듣고, 물건의 가격으로 알맞은 것을 고르시오.
( )

① 10,000원　　　② 20,000원
③ 25,000원　　　④ 30,000원
⑤ 35,000원

교과 과정 6학년 1학기

14 대화를 듣고, 포스터의 얼룩진 부분에 들어갈 말을
알맞게 짝 지은 것을 고르시오. ( )

① May 17th – Star Park
② May 7th – Star Park
③ June 17th – Central Park
④ June 6th – Star Park
⑤ June 17th – Central Park

교과 과정 5학년 2학기

15 가연이의 자기소개서 일부가 지워졌습니다. 다음을
읽고, 가연이의 장래 희망으로 알맞은 것을 고르시오.
( )

I like cooking.

I want to be a ▨▨▨▨.

I want to make Italian food.

① 작가　　　　　② 요리사
③ 선생님　　　　④ 코미디언
⑤ 영화감독

교과 과정 5학년 2학기

16 대화를 읽고, 빈칸에 알맞은 문장을 고르시오.
( )

A: _____
B: My favorite subject is music.

① What's your name?
② How much are the pants?
③ What do you want to be?
④ What's your favorite subject?
⑤ What did you do during the vacation?

**듣기평가
문제종료** 1번~14번까지 듣기 문제가 끝났습니다.
15번~24번까지는 읽고 푸는 문제입니다.

영어

융합

교과 과정 6학년 1학기
17 대화창을 보고, 남자아이의 증상과 여자아이의 지시가 바르게 짝 지어진 것을 고르시오. (   )

① 감기 – 약 먹고 일찍 자기
② 감기 – 따뜻한 물 마시고 일찍 자기
③ 복통 – 약 먹고 따뜻한 물 마시기
④ 복통 – 약 먹고 쉬기
⑤ 콧물 – 병원에 가기

코딩

교과 과정 5학년 2학기
18 탐정 친구들이 자물쇠 암호를 풀기 위한 단서를 찾았어요. 단서를 보고 암호로 알맞은 것을 고르시오.
(   )

단서	• 4글자 낱말이야. • 맨 처음 글자는 w야. • 이 낱말의 끝소리는 /ㅌ/로 끝나. • a는 n보다 앞에 있어. • n은 세 번째 글자야.

① wait   ② want
③ vase   ④ many
⑤ like

교과 과정 6학년 1학기
19 다음 글을 읽고, 내용과 일치하지 <u>않는</u> 것을 고르시오.
(   )

Sumin has brown eyes.
Sumin has long straight hair.
Sumin is wearing a yellow T-shirt and red pants.

① 수민이는 갈색 눈을 가졌다.
② 수민이는 짧은 곱슬머리를 하고 있다.
③ 수민이는 긴 생머리를 하고 있다.
④ 수민이는 노란색 티셔츠를 입고 있다.
⑤ 수민이는 빨간색 바지를 입고 있다.

교과 과정 5학년 2학기
20 대화를 읽고, 밑줄 친 ⓐ와 바꿔 쓸 수 있는 문장을 고르시오. (   )

수진: What's your favorite subject?
Tom: My favorite subject is science.
　　　ⓐ How about you?
수진: My favorite subject is art. I like to draw pictures.

① How much are they?
② What's your favorite subject?
③ What did you do during the vacation?
④ What do you want to be?
⑤ What's your favorite song?

21 교과 과정 5학년 2학기 대화를 읽고, 잘못된 부분을 찾아 바르게 고친 것으로 알맞은 것을 고르시오. (   )

> A: ⓐ How was your vacation?
> B: ⓑ It was good.
> A: ⓒ What do you do?
> B: ⓓ I went camping with my family.
>   ⓔ I ate delicious food.

① 민지: ⓐ에서 How를 What으로 고쳐야 해.

② 하나: ⓑ에서 It was good.을 It is good.으로 고쳐야 해.

③ 지수: ⓒ에서 What do you do?를 What did you do?로 고쳐야 해.

④ 예리: ⓓ에서 went camping을 go camping으로 고쳐야 해.

⑤ 소민: ⓔ에서 I ate delicious food.를 I am eating delicious food.로 고쳐야 해.

22 교과 과정 5학년 2학기 우리말과 같은 뜻이 되도록 빈칸에 알맞은 낱말을 쓰시오.

> 정말 멋진 부엌이구나!

→ What a nice _____!

23 교과 과정 6학년 1학기 대화를 읽고, 생일이 가장 빠른 사람의 이름을 쓰시오.

> Ms. White: When is your birthday?
> Lily: It's on April 19th.
> Sam: It's on October 5th.
> Ted: It's on January 10th.

_____

융합

24 교과 과정 6학년 1학기 다음 글을 읽고, (A)에 알맞은 말을 모두 영어로 쓰시오.

> This is Alex. He has brown eyes and short curly hair. He is wearing a blue T-shirt and glasses.
>
> This is Emma. She has brown eyes and long curly hair. She is wearing a red dress and glasses.

Alex / Emma

- short hair
- a blue T-shirt

(A)

- long hair
- a red dress

영어

MEMO

MEMO

MEMO

천재교육과 함께 배움에 대한 도전 정신을 불 태워 보시길!

미래를 바꾸는
긍정의 한 마디

멀리 갈 위험을 감수하는 자만이
얼마나 멀리 갈 수 있는지 알 수 있다.

T.S. 엘리엇(T.S. Eliot)

'실패는 성공의 어머니'라는 옛말이 있습니다.

그러니 어떤 일에 도전해 실패하더라도, 끝난 것이 아니라

성공을 위한 발판을 마련한 것이라고 자신을 다독여 주세요.

도전하지 않으면 얻을 수 있는 것도 없답니다.

도전하는 여러분의 멋진 결과를 기대할게요. 파이팅!

천재교육과 함께 배움에 대한 도전 정신을 불 태워 보시길!

Computer Based Test

국가수준

학업성취도 평가 —

전과목 모의고사

국어
수학
사회
과학
영어

정답과 풀이

초6

5~6학년 과정

exam.chunjae.co.kr

정답과 풀이 포인트 **3**가지

▶ 혼자서도 이해할 수 있는 친절한 문제 풀이

▶ 문제 해결에 필요한 핵심 내용

▶ 틀리기 쉬운 내용

정답과 풀이

2~7쪽
기초성취도 평가 국어 1회

1 ③	2 ②
3 ②	4 ①
5 유리	6 ③
7 ③	8 (1)
9 ②	10 ③
11 (1) 끊을, (2) 새고, (3) 모아	12 ②
13 정희	14 ①
15 ①	16 밀착
17 ①	18 ②
19 때 → 떼	20 ①

1~2 듣기

> 지윤: 명준아, 안녕?
> 명준: 지윤아, 안녕? 너를 찾고 있었는데 마침 잘됐다.
> 지윤: 나를 찾고 있었어? 왜?
> 명준: 너에게 할 말이 있어. 내 이야기 좀 들어 줄래? 어제 말이야······.
> 지윤: (말을 하는데 중간에 끊고) 나 지금 바쁜데, 내가 꼭 들어야 하니?
> 명준: (실망하는 목소리로) 뭐라고? 아직 내용을 듣지도 않았잖아.
> 지윤: 네 이야기보다는 내 일이 훨씬 중요해.

1 지윤이는 명준이에게 "나 지금 바쁜데, 내가 꼭 들어야 하니?", "네 이야기보다는 내 일이 훨씬 중요해."와 같이 말했습니다. 이와 같은 지윤이의 말은 상대를 배려하지 않는 말로, 명준이의 기분을 상하게 하는 말입니다.

2 지윤이는 명준이가 할 말이 있다고 하는데 명준이의 말을 중간에 끊고 경청하지 않았습니다. 따라서 명준이는 무시당하는 것 같아 기분이 좋지 않았을 것입니다.

3~4 듣기

> 미래에는 더 많은 변화가 더 빨리 이루어질 것입니다. 미래에 우리에게 필요한 능력은 기계가 대신할 수 없는, 인간만이 지니는 능력이라고 생각합니다. 기술과 지식을 창의적으로 활용하고 이로써 문제를 해결해 내는 인간만이 지닐 수 있는 능력을 더욱 키워 나가야 할 것입니다.

3 미래에는 기계가 대신할 수 없는 인간만이 지니는 능력이 필요하다고 하였습니다.

4 미래의 변화에 따라 우리에게 필요한 능력에 대한 글입니다.

5~20 읽기·쓰기

5 벼농사를 짓기에 이익이 있는 조건을 묻는 것이므로 낱말 '유리'를 써야 합니다.

6 누리 소통망은 많은 사람에게 알릴 것이 있을 때, 멀리 떨어져 있어 만나지 못할 때, 자신의 생각을 전하고 싶은데 직접 말하기 어려울 때 사용하면 좋습니다. ㉢은 누리 소통망의 불편한 점을 설명한 것입니다.

7 연서는 서진이가 원하지 않는데 마음대로 대화방에 초대하였습니다. 이러한 경우에는 초대받은 친구가 불편할 수도 있고, 대화방에 있던 친구들도 당황할 수 있습니다. 따라서 누리 소통망에서는 상대가 대화하고 싶은지 확인하고 말을 걸어야 합니다.

8 '매다'는 '논밭에 난 잡풀을 뽑다.'라는 뜻입니다. (2)는 '메다'의 뜻입니다.

9 책에서 자료를 찾아 읽을 때 차례를 먼저 살펴보면 책의 주요 내용과 흐름을 파악할 수 있습니다.

10 자료를 알기 쉽게 표현할 때에는 공간에 자료를 적절하게 배치하고, 글씨, 그림, 사진, 도표의 크기를 결정해야 합니다. 글씨는 반 친구들이 모두 알아볼 수 있는 크기로 쓰는 것이 좋습니다.

11 '단수'란 '수돗물의 공급을 끊음.'이라는 뜻이고 '누수'란 '물이 샘.'을 뜻합니다. 또한 '비축'은 '만약의 경우를 대비하여 미리 갖추어 모아 두거나 저축함.'을 뜻합니다.

단수 안내

1. 단수 일시
20○○년 9월 4일~5일

2. 단수 지역
○○시 전 지역

3. 단수 사유
일부 수도관에 누수가 생겨 공사할 예정임.

4. 유의 사항
• 단수에 대비하여 수돗물을 충분히 비축해 두어야 함.
• 단수 이후 수돗물 공급 시 녹물이 나올 수 있으므로 주의해서 사용해야 함.

12 '겪은 일을 표현하는 글'은 글의 종류, '명절 문화 바꾸기'는 주제를 정리한 것입니다.

13 '정상'은 '특별한 변동이나 탈이 없이 제대로인 상태.'를, '비정상'은 '정상이 아님.'을 뜻합니다. 또 '공개'는 '어떤 사실이나 사물, 내용 따위를 여러 사람에게 널리 터놓음.'을, '비공개'는 '어떤 사실이나 사물, 내용 따위를 남에게 알리거나 보이지 아니함.'을 뜻합니다. 따라서 '정상'과 '비정상', '공개'와 '비공개'는 뜻이 서로 반대 관계인 낱말 짝입니다.

국어

14 '~같이', '~처럼', '~듯이'와 같은 말을 써서 두 대상을 직접 견주어 표현하는 방법은 직유법입니다.

15 시를 낭송할 때에는 친구들이 멀리에서도 잘 들을 수 있도록 시의 분위기를 살려 자신 있게 읽어야 합니다.

16 빈칸에는 '빈틈없이 단단히 붙음.'이라는 뜻의 '밀착'이 들어가야 알맞습니다.

17 공식적인 말하기는 대중을 상대로 한 말하기로 연설, 발표, 토론, 토의, 발표, 회의 등이 있습니다.

18 발표 내용 중에서 궁금한 점이 있으면 발표가 다 끝난 뒤에 발표자의 허락을 받아 질문해야 합니다.

19 '목적이나 행동을 같이하는 무리.'를 뜻하는 낱말로 '떼'라고 써야 알맞습니다.

20 논설문을 쓸 때 서론에는 '글을 읽는 사람의 관심을 끌 만한 내용', '글을 쓴 문제 상황', '글쓴이가 글 전체에서 내세우는 주장'이 들어가야 합니다.

8~13쪽	기초성취도 평가	국어 2회

1 ②	**2** ③
3 ②	**4** ①
5 ㉦	**6** ①
7 ㉠	**8** ①
9 ②	**10** ①
11 나들이	**12** ③
13 ①	**14** ②
15 ②	**16** (1) – ㉦, (2) – ㉠
17 ①	**18** 돌다리
19 ①	**20** 초록

1~2 듣기

사회자: 이제 토론의 마지막 단계인 주장 다지기입니다. 먼저 찬성편이 발언해 주시기 바랍니다.
찬성편: 학급 임원은 반드시 필요합니다. 공정한 선거로 학생 대표를 뽑고, 그 대표를 도와 학교생활이 잘 이루어지도록 하는 경험을 해 보는 것은 큰 의미가 있습니다. 학급 임원을 뽑는 기준에 문제가 있다면 그 문제를 해결하면 됩니다. 반대편의 대안처럼 할 경우 원하지 않는 학생이 학생 대표를 맡게 되는 또 다른 문제가 발생할 수 있습니다. 공정한 경쟁과 올바른 선택을 거쳐 학급 임원을 뽑는다면 문제를 원만히 해결할 수 있을 것이라고 생각합니다.

1 사회자의 말로 미루어 보아, 주어진 내용은 토론의 단계 중 '주장 다지기'임을 알 수 있습니다.

2 찬성편의 주장은 '학급 임원은 반드시 필요하다.'입니다.

3~4 듣기

> 『화성성역의궤』는 정조 임금이 갑자기 세상을 떠나는 바람에 다음 임금인 순조 때 만들어졌는데, 건축과 관련된 의궤 가운데에서도 가장 내용이 많아. 수원 화성 공사와 관련된 공식 문서는 물론, 참여 인원, 사용된 물품, 설계 등의 기록이 그림과 함께 실려 있는 일종의 보고서인 셈이야. 내용이 아주 세세하고 치밀해서 공사에 참여한 기술자 1800여 명의 이름과 주소, 일한 날수와 받은 임금까지 적혀 있어. 공사에 사용된 모든 물건의 크기와 값은 또 얼마나 상세히 적었는지 입이 떡 벌어질 정도라니까. 당시에 이렇게 자세한 공사 보고서를 남긴 나라는 우리나라밖에 없다고 해.

3 『화성성역의궤』는 건축과 관련된 의궤 가운데 가장 내용이 많습니다.

4 공사 당시 먹었던 음식에 대한 내용은 주어진 글에서 언급되지 않았습니다.

5~20 읽기 · 쓰기

5 '회'나 '분'과 같이 무엇을 세는 말은 앞말과 띄어 써야 합니다. 따라서 바르게 띄어 쓴 것은 '삼십 분'으로 적은 ㉡입니다.

6 '공감'이란 상대가 느끼는 감정을 같이 느끼는 것입니다. 따라서 서로의 다름을 인정하지 않고 의견 차이를 좁히지 않는 것은 공감과 거리가 먼 내용입니다.

7 뫼비우스의 띠를 만들 때에는 기다랗게 자른 종이의 한쪽 끝을 180도 비틀어서 다른 쪽에 붙이면 됩니다.

8 '키가 늘고 몸무게가 컸다.'는 주어 '키가', '몸무게가'와 서술어 '늘고', '컸다'의 호응 관계가 바르지 않습니다. '키가 크고 몸무게가 늘었다.'로 고쳐 써야 호응 관계가 바른 문장입니다.

9 새롭게 알게 된 사실을 정리하는 것은 지식이나 경험을 활용해 글을 읽는 것과 거리가 멉니다.

10 지식이나 경험을 활용해 글을 읽으면 글을 더 재미있게 읽을 수 있습니다.

11 '집을 떠나 가까운 곳에 잠시 다녀오는 일.'이라는 뜻을 가진 낱말은 '나들이'입니다. '나들이'는 [나드리]로 소리 나지만, 글로 쓸 때는 '나들이'로 써야 합니다.

12 토의에서 자신의 의견을 끝까지 고집하는 태도는 올바르지 않습니다.

13 비유하는 표현은 대상 하나를 다른 대상에 빗대어 표현하기 때문에 두 대상 사이에는 공통점이 있습니다.

14 원님이 이승에 도착해서 가장 먼저 한 일은 덕진이라는 아가씨를 찾으라고 나졸들에게 명령한 것입니다.

15 주어진 글에 어머니와 주막을 차려 살고 있는 덕진은 인정이 많아 손님을 후하게 대접한다고 나와 있습니다.

16 '어린이'와 뜻이 비슷한 낱말은 '아이'이고, '체중'과 뜻이 비슷한 낱말은 '몸무게'입니다.

17 글쓴이는 '우리 전통 음식을 사랑합시다.'라고 하였습니다.

18 그림 속 남자가 지팡이로 돌다리를 두드리고 있으므로, 알맞은 것은 '돌다리'입니다. 속담 '돌다리도 두들겨 보고 건너라'는 '잘 아는 것도 한 번 더 확인하고 조심하라.'는 뜻입니다.

19 무릎을 다친 후에야 무릎 보호대를 했다고 하였으므로, 이 상황에 어울리는 속담은 일이 이미 잘못된 뒤에는 손을 써도 소용이 없다는 뜻의 '소 잃고 외양간 고친다'입니다.

20 주어진 그림에서 '청록'과 '노랑'이 겹치는 곳에 '초록'이라고 되어 있으므로, '청록'과 '노랑'을 섞으면 '초록'이 될 것입니다.

학업성취도 평가 문항 분석표

문항 번호	정답	영역	평가 내용	배점
1	⑤	듣기·말하기	올바른 대화의 태도 알기	4점
2	⑤	듣기·말하기	공감적 듣기 알기	4점
3	⑤	듣기·말하기	공식적인 말하기 상황 살펴보기	4점
4	②	듣기·말하기	공식적인 말하기 상황 살펴보기	4점
5	⑤	쓰기	낱말의 뜻을 알고 문장에 적용하기	4점
6	③	듣기·말하기	공감하며 대화하는 방법 알기	4점
7	⑤	문법	문장 성분의 호응 관계 알기	5점
8	②	문법	문장 성분의 호응 관계 알기	5점
9	(1) 암탉, (2) 수캐, (3) 암퇘지	문법	반대 의미의 낱말 알기	4점
10	①	듣기·말하기	토론의 절차 파악하기	4점
11	④	읽기	낱말의 차이를 알고 활용하기	4점
12	④	문법	낱말의 뜻 이해하기	4점
13	③	읽기	발표 주제를 생각하며 자료를 조사하고 구성하기	4점
14	③	쓰기	비유하는 표현 알기	4점
15	하지만	쓰기	이어 주는 말 알기	4점
16	②	읽기	자료의 특성 알기	4점
17	③	쓰기	속담의 뜻 이해하기	4점
18	기필코	읽기	낱말의 의미 추론하기	4점
19	⑤	문법	이야기를 듣고 추론하는 방법 알기	4점
20	(ㄱ)	읽기	낱말의 의미 추론하기	4점
21	③	문학	인물이 추구하는 가치 이해하기	5점
22	②	문학	마음을 나누는 글 읽기	5점
23	환하다	문법	낱말의 의미 추론하기	4점
24	⑤	읽기	글의 내용 파악하기	4점

14~21쪽 학업성취도 평가 국어1회

1 ⑤	2 ⑤
3 ⑤	4 ②
5 ⑤	6 ③
7 ⑤	8 ②
9 (1) 암탉, (2) 수캐, (3) 암퇘지	10 ①
11 ④	12 ④
13 ③	14 ③
15 하지만	16 ②
17 ③	18 기필코
19 ⑤	20 ㉠
21 ③	22 ②
23 환하다	24 ⑤

1~2 듣기

명준: 지난번 질서 지키기 그림 대회에서 내가 그린 그림이 뽑히지 않아서 무척 서운했어.
지윤: (시큰둥하게) 그게 그렇게 중요한 일이니?
명준: (화내는 목소리로) 뭐? 네가 내 기분을 어떻게 아니? 너는 친구의 기분은 조금도 생각하지 않니? 어떻게 그렇게 말을 해?
지윤: 왜 그래? 내 생각에는 별것 아닌 것 같아.

1 지윤이는 명준이의 기분이나 처지를 생각하지 않고 말했습니다.

2 지윤이가 명준이의 처지를 고려해서 대답하려면 말하는 사람에게 공감을 해 주어야 하며, 이해하고 배려하는 대화를 해야 합니다.

3~4 듣기

나성실: 안녕하세요? 저는 전교 학생회 회장단 선거에 입후보한 나성실입니다. 저는 가고 싶은 학교, 즐거운 학교를 만들고 싶어서 이 자리에 섰습니다. 우리 학교에서는 지난해에 학생들이 학교에 바라는 점을 설문 조사했습니다. 학생들이 학교에 바라는 점 가운데에서 가장 많이 나온 의견은 바로 "깨끗한 화장실을 만들어 주세요."라는 의견으로 47퍼센트가 나왔습니다.
학생들: 맞아요. 좋아요.
나성실: 저는 이러한 여러분의 의견을 교장 선생님께 적극적으로 말씀 드리고 전교 학생회에서도 의견을 모아 꼭 깨끗한 화장실을 만들겠습니다.

3 나성실 학생은 가고 싶은 학교, 즐거운 학교를 만들기 위해서 전교 학생회 회장단 선거에 입후보하였습니다.

4 나성실 학생은 깨끗한 화장실을 만들겠다고 하였습니다.

5~24 읽기·쓰기

5 그림 속 친구는 '기세나 세력 따위가 불길같이 맹렬함.'이라는 뜻의 낱말을 넣어서 문장을 만들어 보겠다고 했습니다. 주어진 문장 가운데에서 '기세나 세력 따위가 불길같이 맹렬함.'이라는 뜻의 '치열'이 들어간 문장은 ⑤입니다. ①~④에 나온 '치열'의 뜻은 '이가 죽 박혀 있는 생김새.'입니다.

국어

6 공감하며 대화하기 위해서는 상대방의 처지가 되어 생각하고, 상대의 기분을 고려하여 말해야 합니다.

7 높임의 대상에게 '께서'를 붙이고, '밥', '먹고'를 높임의 뜻을 가진 '진지', '잡수시고'로 고쳐 씁니다.

8 '전혀'는 부정적인 뜻을 가진 말과 호응합니다.

9 닭의 암컷은 '암탉', 개의 수컷은 '수캐', 돼지의 암컷은 '암퇘지'라고 씁니다.

10 주장 펼치기에서는 근거를 들어 주장을 펼치고 근거에 대한 구체적인 자료를 제시합니다.

11 그림 속 남자아이는 네 명까지는 같이 입장할 수 있다고 하였습니다. 남자아이의 말로 미루어 보아, 그림 속 안내문에 들어갈 내용은 다섯 명부터 입장이 되지 않는다는 내용이어야 합니다. 따라서 빈칸에 들어갈 말은 '기준이 되는 수를 포함하여 그 위인 경우를 가리킴.'이라는 뜻의 '이상'입니다.

12 '삼다'는 '무엇을 무엇이 되게 하거나 여기다.'라는 뜻으로, '대신 생각해도'와 뜻이 비슷합니다.

13 관찰을 하면 현장에서 조사 대상을 직접 파악할 수 있습니다.

14 비유하는 표현을 사용하면 글이나 그림책의 내용이 쉽게 이해되고, 글쓴이의 의도를 쉽게 파악할 수 있습니다. 그리고 상황이 실감 나게 느껴지며 장면이 쉽게 떠오릅니다.

15 '하지만'은 두 문장을 연결할 때 서로 반대되는 내용을 이어 주는 역할을 합니다.

16 자료를 활용하여 말하면 듣는 사람이 흥미를 느끼게 할 수 있고, 정보를 효과적으로 전달할 수 있습니다.

17 장난감 수리비가 장난감 가격보다 비싸다는 내용이므로 '주된 것보다 딸린 것이 더 크거나 많다.'라는 뜻의 '배보다 배꼽이 더 크다'가 알맞습니다.

18 '반드시'는 '틀림없이 꼭.'이라는 뜻입니다. '반드시'와 비슷한 뜻을 가진 낱말은 '기필코'입니다.

19 '물건을 차곡차곡 포개어 얹어서 구조물을 이루다.'라는 뜻을 가진 '쌓다'가 쓰인 것은 ⑤입니다. 나머지는 '여러 개의 물건을 겹겹이 포개어 얹어 놓다.'의 뜻으로 쓰였습니다.

20 주어진 문장에 쓰인 '눈'은 하늘에서 내리는 눈을 뜻합니다. 따라서 알맞은 그림은 ㉠입니다.

21 이순신은 판옥선의 수가 적지만 많아 보이게 하여 적군의 기세를 꺾는 작전을 짰습니다.

22 글쓴이는 근심 걱정에 싸여 있는 집이 있으면 고통을 함께 나누며 잘 처리할 방법을 의논하라고 하였습니다.

23 '빛이 비치어 맑고 밝다.'라는 뜻을 가진 낱말은 '환하다'입니다.

24 그림에서 마찰력은 '한 물체가 다른 물체와 접촉한 상태에서 움직일 때, 물체의 움직임을 방해하는 힘'이라고 하였습니다. 따라서 주어진 보기 가운데 마찰력의 뜻은 '물체가 잘 움직이지 못하도록 방해하는 힘'입니다.

학업성취도 평가 문항 분석표

22~29쪽   **국어 2회**

문항 번호	정답	영역	평가 내용	배점
1	⑤	듣기·말하기	토론 절차와 방법 알기	4점
2	③	듣기·말하기	토론 절차와 방법 알기	4점
3	③	듣기·말하기	이야기를 듣고 추론하는 방법 알기	4점
4	②	듣기·말하기	이야기를 듣고 추론하는 방법 알기	4점
5	③	듣기·말하기	좋은 대화의 조건 알기	4점
6	⑤	듣기·말하기	예절을 지키며 누리 소통망에서 대화하기	4점
7	밀가루	문법	물건을 세는 단위 알기	4점
8	①	문법	글을 읽고 함께 고칠 때 주의할 점 알기	5점
9	③	읽기	매체 자료 구분하기	4점
10	(ㄱ)	읽기	글의 내용 파악하기	5점
11	⑤	쓰기	설문 조사 자료 평가하기	4점
12	④	문학	조사한 내용 발표하기	4점
13	(1) - ㉡, (2) - ㉠	문법	낱말의 의미 추론하기	4점
14	⑤	문법	낱말의 뜻을 짐작하며 읽기	4점
15	②	듣기·말하기	다양한 자료의 특성 알기	4점
16	④	쓰기	내용의 타당성과 표현의 적절성 판단하기	5점
17	불국사 다보탑	읽기	내용을 추론하며 글 읽기	4점
18	②	문법	다양한 상황에서 쓰이는 속담의 뜻 알기	4점
19	③	문법	다양한 상황에서 쓰이는 속담의 뜻 알기	4점
20	②	읽기	내용을 추론하며 글 읽기	4점
21	④	읽기	내용을 추론하며 글 읽기	4점
22	②	쓰기	글로 쓸 내용 계획하기	4점
23	(1) 갑자기, (2) 병	읽기	내용을 추론하며 글 읽기	4점
24	(2)	문법	자신의 언어생활 점검하기	5점

국어

1~2 듣기

> 사회자: 이번에는 상대편이 펼친 주장에서 잘못된 점이나 궁금한 점을 지적하고 이에 답하는 반론하기 시간입니다. 먼저 반대편이 반론과 질문을 하고 이에 대해 찬성편이 답변하도록 하겠습니다. 시간은 2분입니다. 시작해 주십시오.
>
> 반대편: 찬성편에서는 학급을 위해 봉사하고, 학생 대표가 되어 우리의 뜻을 학교에 전하는 역할을 할 학급 임원이 필요하다고 했습니다. 하지만 학급을 위해 봉사하는 것은 몇 명의 학생이 아니라 전체 학생이 다 할 수 있는 일입니다. 또 요즘은 기술이 발달해서 여러 사람이 동시에 회의에 참여할 수 있습니다. 굳이 학생 대표 한두 명만 회의에 참여하도록 할 필요가 없습니다.

1 '반론하기' 단계에서는 상대편이 펼친 주장에서 잘못된 점이나 궁금한 점을 지적하고 이에 답합니다.

2 반대편은 학급을 위해 봉사하는 것은 몇 명의 학생이 아니라 전체 학생이 다 할 수 있는 일이며, 요즘은 기술이 발달해서 여러 사람이 동시에 회의에 참여할 수 있어서 굳이 학생 대표 한두 명만 회의에 참여하도록 할 필요가 없다고 반론하였습니다.

3~4 듣기

> 수원 화성은 정조 임금의 원대한 꿈이 담긴 곳으로 볼거리가 많아. 건물 하나만 보는 것보다는 주변 경치를 함께 감상하는 것이 더 좋아. 정조 임금이 엄격하게 고른 좋은 자리에 지었으니까. 수원 화성은 규모가 커서 다 돌아보려면 꽤 시간이 걸려. 다리가 아프면 화성 열차를 타는 것도 좋겠지. 화성 열차는 수원 화성 구경을 하러 온 사람들을 위해 마련한 열차야.
>
> 더 둘러보고 싶은 친구가 있다면 근처에 있는 융건릉과 용주사에 가 볼 것을 추천할게. 융건릉은 사도 세자의 무덤인 융릉과 정조 임금의 무덤인 건릉을 합쳐서 부르는 이름이고, 용주사는 사도 세자의 명복을 빌려고 지은 절이야.

3 수원 화성을 구경할 때 이용할 수 있는 시설은 '화성 열차'입니다.

4 용주사는 사도 세자의 명복을 빌기 위해 지었다고 하였습니다.

5~24 **읽기 · 쓰기**

5 자신의 의견을 앞세우는 대화는 좋은 대화가 아닙니다. 좋은 대화란 상대방의 의견을 존중하는 대화입니다.

6 얼굴이 보이지 않더라도 대화 예절을 갖추어 대화해야 합니다.

7 밀가루는 '줌'으로 세고, 두부는 '모'로 셉니다.

8 글을 읽고 함께 고칠 때에는 미리 정한 평가 기준에 맞추어야 합니다.

9 '누리집'은 영상 매체 자료가 아닌 인터넷 매체 자료에 속합니다.

10 1종 지레는 받침점이 가운데에 있는 것입니다. 따라서 정답은 ㉠입니다.

11 설문 조사를 할 때에는 조사 범위가 너무 좁거나 일부 사람들에게만 해당하는 내용이 담겨서는 안 됩니다. 조사 범위가 적절한지 생각해 보고 결론을 잘 얻을 수 있는지 따져 보아야 합니다.

12 발표할 때에는 발표 내용만 보면서 읽듯이 발표하지 않도록 주의해야 합니다.

13 (1)은 결혼식이고, (2)는 졸업식을 나타내는 그림입니다.

14 제시된 그림을 보고 떠올릴 수 있는 말은 '얼굴에 핏기가 없고 파리하다.'의 뜻을 가진 '핼쑥하다'입니다.

15 우리 마을 축제 모습이나 행사를 잘 보여 줄 수 있는 자료를 찾아봅니다.

16 글쓴이의 주장은 마지막 문장에 나오는 '이제 우리 모두 자연 보호를 실천해야 한다.'는 것입니다.

17 '문화재'에 해당하는 것은 '불국사 다보탑'입니다.

18 제시된 속담은 '피는 물보다 진하다', '바늘로 찔러도 피 한 방울 안 난다'입니다. 따라서 빈칸에 공통으로 들어갈 말은 '피'입니다.

19 뒤늦게 안전 관리 실태를 점검한 동물원의 문제에 대하여 안타까워하는 상황이기에 '소 잃고 외양간 고치는 격'이 들어가야 합니다.

20 강녕전에는 궁궐에서 가장 신분이 높은 왕과 왕비만 살 수 있었습니다.

21 '전'자가 붙는 건물에는 신분이 높은 왕과 왕비만 살 수 있습니다.

22 밑줄 친 부분은 편지글의 끝인사에 해당합니다.

23 호흡기 질환이란 우리가 숨을 쉬는 일을 맡은 기관에 평소와 다른 이상 증세가 갑자기 나타나고 빠르게 진행되는 몸의 온갖 병을 말합니다.

24 두 낱말이 만나 한 낱말이 되면서 'ㄹ'이 없어지기 때문에 정답은 (2)입니다. (1)은 '딸+님→따님'으로 써야 맞습니다.

정답과 풀이

수학

30~34쪽	기초성취도 평가	수학 1회

1 ② 2 ②
3 ① 4 가
5 ③ 6 ③
7 사각뿔 8 ③
9 ③ 10 있습니다
11 각기둥 12 ②
13 ② 14 ①
15 ② 16 ③
17 ① 18 ③
19 15
20 ⑩

또는

---

1 19와 같거나 큰 수이므로 19 이상인 수입니다.

2 수박은 3통이고, 사과는 8개이므로 수박 수와 사과 수의 비는 3 : 8입니다.

3 정육면체는 6개의 정사각형으로 둘러싸여 있으므로 가입니다.

4 모양과 크기가 같아서 포개었을 때 완전히 겹치는 모양의 타일을 찾습니다. ⇨ 가

5 왼쪽 도형과 포개었을 때 완전히 겹치는 도형은 다입니다.

6 ① $3 \div 7 = \dfrac{3}{7}$ ② $5 \div 2 = \dfrac{5}{2}$

① $8 \div 13 = \dfrac{8}{13}$

7 밑면이 사각형인 각뿔이므로 사각뿔입니다.

8 (배추를 심을 텃밭의 넓이)
$= 9 \div 4 = \dfrac{9}{4} = 2\dfrac{1}{4} \ (\text{m}^2)$

9 전개도에서 밑면의 모양이 육각형이므로 점선을 따라 접으면 육각기둥이 만들어집니다.

10 1 g당 7원인 과자가 400 g 있다고 어림하면 과자의 가격이 2800원입니다. 1 g당 가격이 7원보다 낮으므로 유미가 가진 돈으로 과자를 살 수 있습니다.

11 두 밑면이 서로 평행하고 합동인 다각형으로 이루어진 입체도형은 각기둥입니다.

12 $4\dfrac{1}{6} \times 5 = \dfrac{25}{6} \times 5 = \dfrac{125}{6} = 20\dfrac{5}{6}$

13 띠그래프에서 여름에 해당하는 비율은 15 %입니다.

14 훌라후프 횟수가 70회보다 많은 학생은 정은, 소진으로 2명입니다.

15 ① 4.3×2는 5와 2의 곱인 10보다 작습니다.
② 3.2×4는 3과 4의 곱인 12보다 큽니다.
③ 2.7×3은 3과 3의 곱인 9보다 작습니다.
따라서 계산 결과가 12보다 큰 것은 ②입니다.

16 천왕성의 반지름을 1이라고 본다면 목성의 반지름을 4로 나누어야 합니다.
⇨ (목성의 반지름)=11.2÷4=2.8

17 나누어야 할 수가 나누는 수보다 작을 경우에는 몫에 0을 쓰고 수를 하나 더 내려 계산합니다. 내린 수 3이 나누는 수 4보다 작으므로 몫의 소수 첫째 자리에 0을 써야 합니다.

18 (직육면체의 부피)
=5×4×6=120 (cm³)

19 (평균)=(12+19+20+9+15)÷5
=75÷5=15

20 무늬가 있는 면 3개가 한 꼭짓점에서 만나도록 전개도에 무늬를 그려 넣을 곳에 ○표 합니다.

35~39쪽	기초성취도 평가	수학2회

1 ②	**2** ①
3 1.8	**4** 4, 10
5 ③	**6** ②
7 ╳	**8** ③
9 ②	**10** ①
11 1	**12** 0.98
13 ②	**14** ①
15 ③	**16** ③
17 ③	**18** ①
19 ②	**20** 1.6

1 밑면이 서로 평행하고 합동인 두 다각형으로 이루어진 입체도형은 각기둥입니다. ⇨ 나

2 대칭축을 따라 접으면 점 ㄷ과 점 ㄹ이 겹치므로 점 ㄷ의 대응점은 점 ㄹ입니다.

3 0.3씩 6번 뛰어서 센 것을 곱셈식으로 나타내면 0.3×6=1.8입니다.

4 (정사각형의 둘레)=2.5×4=10 (cm)

5 직육면체에서 마주 보는 면은 서로 평행하므로 서로 평행한 면은 모두 3쌍입니다.

6 각뿔은 ㉠, ㉫이므로 모두 2개입니다.

7 밑면의 모양이 사각형인 각뿔은 사각뿔입니다.

(사각뿔의 꼭짓점의 수)$=4+1=5$(개)

(사각뿔의 모서리의 수)$=4\times2=8$(개)

8 35 이상 38 미만인 수는 35와 같거나 크고, 38 보다 작은 수이므로 35, 36, 37로 모두 3개입 니다.

9 (10분 동안 받는 물의 양)$=\dfrac{3}{5}\times\overset{2}{\cancel{10}}=6$ (L)

10 (2일 동안의 평균)

$=(28+24)\div2=52\div2=26$(회)

11 회전판은 모두 파란색이므로 파란색에 멈출 가 능성은 확실합니다.

따라서 가능성을 수로 나타내면 1입니다.

12

$$
\begin{array}{r}
0.9\,8 \\
6\,)\overline{5.8\,8} \\
5\,4 \\
\hline
4\,8 \\
4\,8 \\
\hline
0
\end{array}
$$

13 전체 10칸 중 7칸을 색칠한 것입니다.

$\Rightarrow 7:10 \Rightarrow \dfrac{7}{10}=0.7$

14 (소금물의 양)$=20+80=100$ (g)

따라서 소금물 양에 대한 소금 양의 비율은

$\dfrac{20}{100} \Rightarrow 20\,\%$ 입니다.

15 45289를 반올림하여 만의 자리까지 나타내면 천의 자리 숫자가 5이므로 올림하여 50000입 니다.

16 O형: 40 %, AB형: 5 %

$\Rightarrow 40\div5=8$(배)

17 (필요한 봉지 수)

$=6\div\dfrac{2}{3}=\overset{3}{\cancel{6}}\times\dfrac{3}{\underset{1}{\cancel{2}}}=9$(봉지)

18 서울·인천·경기 출생아 수: 18만 명

대전·세종·충청 출생아 수: 4만 1천 명

대구·부산·울산·경상 출생아 수: 8만 9천 명

따라서 출생아 수가 가장 많은 권역은

서울·인천·경기입니다.

19 (직육면체의 겉넓이)

$=$(합동인 세 면의 넓이의 합)$\times2$

$=(9\times5+9\times4+5\times4)\times2$

$=101\times2=202$ (cm^2)

20 0.16×0.5는 0.08이어야 하는데 은희가 잘못 눌러서 0.8이 나왔으므로 1.6과 0.5를 누른 것 입니다.

학업성취도 평가 문항 분석표 수학 1회

문항 번호	정답	영역	평가 내용	배점
1	③	수와 연산	진분수의 곱셈 알아보기	4점
2	①	수와 연산	(자연수)÷(자연수) 구하기	4점
3	5 초과 8 이하에 ○표	측정	이상과 이하, 초과와 미만 알아보기	4점
4	①	수와 연산	(소수 한 자리 수)÷(자연수) 계산하기	4점
5	②	도형	각뿔 알아보기	4점
6	③	도형	도형의 합동 이해하기	4점
7	②	자료와 가능성	띠그래프에서 비율을 보고 항목 찾기	4점
8	♥에 ○표, 3	수와 연산	(대분수)×(대분수) 구하기	4점
9	12 %	규칙성	비율을 백분율로 나타내기	4점
10	④	측정	올림과 버림 이해하기	4점
11	④	수와 연산	(소수)×(자연수) 구하기	4점
12	②, ④	수와 연산	(소수)÷(자연수)에서 몫이 1보다 큰 나눗셈 찾기	4점
13	③	도형	직육면체의 구성 요소 알아보기	4점
14	$\dfrac{4}{15}$	수와 연산	(대분수)÷(자연수) 구하기	4점
15	④	수와 연산	(소수)×(소수) 알아보기	4점
16	$\dfrac{3}{8}$, 0.375	규칙성	타율을 소수로 나타내기	4점
17	③	자료와 가능성	평균 구하기	4점
18	육각기둥	도형	각기둥의 성질 알아보기	4점
19	나	도형	점대칭도형의 성질 알아보기	4점
20	⑤	측정	직육면체의 겉넓이 구하기	4점
21	③	수와 연산	분수의 나눗셈을 이용하여 자연수의 범위 구하기	5점
22	(왼쪽에서부터) 1, 4, 6	도형	주사위의 전개도 완성하기	5점
23	④	도형	선대칭도형의 둘레 구하기	5점
24	②	수와 연산	수 카드를 이용하여 (소수 한 자리 수)÷(한 자리 수)를 만들고 계산하기	5점

40~45쪽	**학업성취도 평가**	수학 1회

1 ③　　　　　　　　**2** ①

3 5 초과 8 이하에 ○표　　**4** ①

5 ②　　　　　　　　**6** ③

7 ②　　　　　　　　**8** ♥에 ○표, 3

9 12 %　　　　　　　**10** ④

11 ④　　　　　　　**12** ②, ④

13 ③　　　　　　　**14** $\frac{4}{15}$

15 ④　　　　　　　**16** $\frac{3}{8}$, 0.375

17 ③　　　　　　　**18** 육각기둥

19 나　　　　　　　**20** ⑤

21 ③　　　　　　　**22** (왼쪽에서부터) 1, 4, 6

23 ④　　　　　　　**24** ②

1 $\dfrac{2}{3} \times \dfrac{2}{5} = \dfrac{2 \times 2}{3 \times 5} = \dfrac{4}{15}$

2 $7 \div 6 = \dfrac{7}{6} = 1\dfrac{1}{6}$

3 오늘의 날씨는 구름 많음이므로 5 초과 8 이하입니다.

4 나누어지는 수가 $\dfrac{1}{10}$배가 되면 몫도 $\dfrac{1}{10}$배가 되므로 14.2가 됩니다.

5 각뿔은 다, 마로 모두 2개입니다.

6 합동인 도형에서 대응변의 길이는 서로 같습니다.
(변 ㅁㅂ)=(변 ㄱㄴ)=4 cm

7 가장 높은 비율을 차지하는 항목은 띠의 길이가 가장 긴 수학입니다.

8 $2\dfrac{1}{2} \times 1\dfrac{1}{5} = \dfrac{\overset{1}{\cancel{5}}}{\underset{1}{\cancel{2}}} \times \dfrac{\overset{3}{\cancel{6}}}{\underset{1}{\cancel{5}}} = 3$

9 전체 칸 수는 100칸이고, 부엌의 칸 수는 12칸입니다. ⇨ 12 %

10 버림하여 백의 자리까지 나타내면 5800이 되는 자연수는 58□□입니다.
58□□에는 0부터 99까지 들어갈 수 있으므로 이 중에서 가장 큰 자연수는 5899입니다.

11 일주일은 7일이므로 상우가 매일 1.2 L씩 일주일 동안 마신 우유는 1.2 × 7 = 8.4 (L)입니다.

12 몫이 1보다 크려면 나누어지는 수가 나누는 수보다 커야 합니다.

13 직육면체에서 서로 만나는 면은 수직으로 만납니다.
③ 면 ㄴㅂㅅㄷ은 색칠한 면과 평행한 면입니다.

14 3인분에 필요한 설탕의 양은 $\dfrac{4}{5}$ 큰술이므로 1인

분은 $\dfrac{4}{5}\div 3=\dfrac{4}{5}\times\dfrac{1}{3}=\dfrac{4}{15}$ (큰술) 필요합니다.

15 (직사각형의 넓이)

$=$(가로)$\times$(세로)

$=6.3\times 4.1=25.83\,(\text{cm}^2)$

16 전체 타수 8번 중에서 안타를 3번 쳤습니다.

$\Rightarrow$ (타율)$=\dfrac{\text{(안타 수)}}{\text{(전체 타수)}}=\dfrac{3}{8}=0.375$

17 지우네 모둠의 팔굽혀펴기 기록의 평균은

$\dfrac{9+14+3+6}{4}=\dfrac{32}{4}=8$(개)입니다.

18 로봇이 도착한 칸에 쓰여 있는 수는 8입니다. 면의 수가 8개인 각기둥은 육각기둥입니다.

19 책상 서랍 자물쇠의 열쇠 구멍 모양은 점대칭도형입니다. 자물쇠의 열쇠 구멍 모양이 점대칭도형인 것을 찾으면 나입니다.

20 (겉넓이)$=(30\times 35+35\times 30+30\times 30)\times 2$

$=(1050+1050+900)\times 2$

$=6000\,(\text{cm}^2)$

21 $2\dfrac{5}{8}\div 4=\dfrac{21}{8}\div 4=\dfrac{21}{8}\times\dfrac{1}{4}=\dfrac{21}{32}$,

$\dfrac{43}{4}\div 3=\dfrac{43}{4}\times\dfrac{1}{3}=\dfrac{43}{12}=3\dfrac{7}{12}$

$\Rightarrow \dfrac{21}{32}<\square<3\dfrac{7}{12}$

따라서 $\square$ 안에 들어갈 수 있는 자연수는 1, 2, 3이므로 모두 3개입니다.

22

① 처음 바닥에 닿는 면의 눈의 수는 3입니다.

② 두 번째 바닥에 닿는 면은 위쪽 면으로 눈의 수는 1입니다.

③ 3과 마주 보는 면의 눈의 수는 $7-3=4$입니다.

④ 1과 마주 보는 면의 눈의 수는 $7-1=6$입니다.

23 선분 ㄷㅇ의 길이를 $\square$ cm라 하면

$(6+3+7+\square)\times 2=50$,

$16+\square=25$, $\square=9$입니다.

따라서 선분 ㄷㅇ의 길이는 $9\,\text{cm}$입니다.

24 나누어지는 수에는 가장 큰 소수 한 자리 수를 놓고, 나누는 수에는 남은 수 카드의 수를 놓습니다.

$8>6>4>3$이므로 만들 수 있는 가장 큰 소수 한 자리 수는 86.4입니다.

$\Rightarrow 86.4\div 3=28.8$

학업성취도 평가 문항 분석표 수학 2회

문항 번호	정답	영역	평가 내용	배점
1	③	측정	수의 범위에 해당하는 수 찾아보기	4점
2	②	수와 연산	(자연수)×(진분수) 계산하기	4점
3	④	도형	각기둥 찾아보기	4점
4	9.911	수와 연산	자연수의 곱셈을 이용하여 (소수)×(소수) 계산하기	4점
5	③	도형	대응각을 찾아 각의 크기 구하기	4점
6	①	규칙성	두 수의 비 알아보기	4점
7	⑤	자료와 가능성	그림그래프 알아보기	4점
8	팔각기둥	도형	각기둥의 이름 구하기	4점
9	⑤	도형	직육면체에서 평행한 면 찾아보기	4점
10	③	수와 연산	(소수)×(자연수) 활용하기	4점
11	①	자료와 가능성	일이 일어날 가능성 알아보기	4점
12	$\dfrac{15}{16}$	수와 연산	(대분수)÷(자연수) 계산하기	4점
13	③	도형	정육면체의 전개도 찾아보기	4점
14	⑤	측정	부피 단위 사이의 관계 알아보기	4점
15	①	수와 연산	몫이 1보다 작은 (소수)÷(자연수) 찾아보기	4점
16	④	수와 연산	(대분수)×(자연수) 활용하기	4점
17	④	수와 연산	(가분수)÷(자연수) 활용하기	4점
18	38 cm	도형	점대칭도형의 성질 활용하기	4점
19	③	측정	직육면체의 겉넓이 구하기	4점
20	②	규칙성	백분율을 활용하여 할인 금액 구하기	4점
21	③	자료와 가능성	평균을 활용하여 문제 해결하기	5점
22	⑤	수와 연산	(소수)÷(자연수) 활용하기	5점
23	②	자료와 가능성	띠그래프에서 비율을 보고 항목의 수 구하기	5점
24	$7\dfrac{7}{12}$	수와 연산	수 카드를 이용하여 분수의 곱셈식을 만들어 계산하기	5점

수학

46~51쪽	학업성취도 평가	수학 2회

1 ③	**2** ②
3 ④	**4** 9.911
5 ③	**6** ①
7 ⑤	**8** 팔각기둥
9 ⑤	**10** ③
11 ①	**12** $\dfrac{15}{16}$
13 ③	**14** ⑤
15 ①	**16** ④
17 ④	**18** 38 cm
19 ③	**20** ②
21 ③	**22** ⑤
23 ②	**24** $7\dfrac{7}{12}$

1 4 초과 7 미만인 수는 4보다 크고 7보다 작은 수이므로 ③ 6입니다.

2 $4 \times \dfrac{2}{9} = \dfrac{4 \times 2}{9} = \dfrac{8}{9}$

3 ①, ②는 평면도형입니다.
③, ⑤는 각뿔입니다.

4 5.83은 583의 $\dfrac{1}{100}$배이고, 1.7은 17의 $\dfrac{1}{10}$배 입니다.
따라서 □ 안에 알맞은 수는 9911의 $\dfrac{1}{1000}$배인 9.911입니다.

5 서로 합동인 두 도형에서 각각의 대응각의 크기 는 서로 같습니다.
따라서 각 ㄹㅁㅂ의 대응각은 각 ㄱㄴㄷ이므로 각 ㄹㅁㅂ은 80°입니다.

6 사탕은 5개, 초콜릿은 7개이므로 사탕 수와 초 콜릿 수의 비는 5 : 7입니다.

7 큰 그림이 4개, 작은 그림이 3개이므로 다 마을 의 도서관은 43곳입니다.

8 밑면의 모양은 변이 8개인 다각형이므로 팔각 형입니다.
따라서 밑면의 모양이 팔각형인 각기둥은 팔각 기둥입니다.

9 직육면체에서 면 ㄱㄴㄷㄹ과 평행한 면은 면 ㄱㄴㄷㄹ과 마주 보는 면입니다.
따라서 면 ㄱㄴㄷㄹ과 평행한 면은 면 ㅁㅂㅅㅇ 입니다.

10 우유가 필요한 날은 월요일, 화요일, 목요일로 0.35 L씩 3일 필요합니다.
⇨ (필요한 우유의 양)＝0.35×3＝1.05 (L)

11 빨간색 막대가 2개, 파란색 막대가 2개이므로 고리가 노란색 막대에 걸릴 가능성은 '불가능하 다'입니다.
따라서 이것을 수로 표현하면 0입니다.

12 $3\dfrac{3}{4} \div 4 = \dfrac{15}{4} \div 4 = \dfrac{15}{4} \times \dfrac{1}{4} = \dfrac{15}{16}$

13 ③

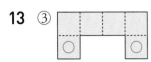

◯표 한 두 면이 서로 겹치므로 정육면체의
전개도가 아닙니다.

14 ■＝0.9 ⇨ 0.9×1000000＝900000

⇨ ▲＝900000

⇨ 출력되어 나오는 값: 900000 cm^3

15 ① 3.05÷5＝0.61　　② 5.2÷5＝1.04

③ 6.4÷5＝1.28　　④ 7.3÷5＝1.46

⑤ 9.1÷5＝1.82

따라서 몫이 1보다 작은 나눗셈은 ①입니다.

16 (별 ㉡과 북극성 사이의 거리)

$＝2\dfrac{1}{4}×5＝\dfrac{9}{4}×5＝\dfrac{45}{4}＝11\dfrac{1}{4}$ (cm)

17 한 사람이 흙을 $\dfrac{12}{5}÷3＝\dfrac{12÷3}{5}＝\dfrac{4}{5}$ (kg)씩

가질 수 있습니다.

18 (변 ㄱㅂ)＝(변 ㄹㄷ)＝5 cm,

(변 ㄱㄴ)＝(변 ㄹㅁ)＝6 cm,

(변 ㄴㄷ)＝(변 ㅁㅂ)＝8 cm

⇨ (도형의 둘레)

＝5＋6＋8＋5＋6＋8＝38 (cm)

19 (포장하려는 상자의 겉넓이)

＝(12×8＋12×5＋8×5)×2

＝(96＋60＋40)×2

＝392 (cm^2)

20 A＝5400 ⇨ 5400×0.3＝1620

⇨ B＝1620

⇨ 출력되어 나오는 값: 1620원

21 (축제 동영상의 하루 평균 조회 수)

＝1400÷7＝200(회)

(공연 동영상의 하루 평균 조회 수)

＝2100÷10＝210(회)

⇨ 차: 210－200＝10(회)

22 모종 7개를 같은 간격으로 심기 위해서는 4.8 m
를 6등분해야 합니다.

⇨ (모종 사이의 간격)＝4.8÷6＝0.8 (m)

23 독서의 백분율은 25 %입니다.

따라서 여가 시간에 독서를 하는 학생은

$100×\dfrac{25}{100}＝25$(명)입니다.

24 ・가장 큰 대분수: $4\dfrac{1}{3}$

・가장 작은 대분수: $1\dfrac{3}{4}$

⇨ $4\dfrac{1}{3}×1\dfrac{3}{4}＝\dfrac{13}{3}×\dfrac{7}{4}＝\dfrac{91}{12}＝7\dfrac{7}{12}$

수학

52~56쪽 **기초성취도 평가** 사회 1회

1 ③	2 ③
3 ③	4 조선
5 ㉢	6 ①
7 러시아	8 ①
9 ①	10 ㉢
11 ②	12 ①
13 평등	14 국회
15 ①	16 ①
17 ②	18 무역
19 ①	20 ㉢

1 우리 역사에서 최초로 등장하는 국가는 고조선 입니다.

2 고구려의 광개토 대왕은 서쪽으로는 요동 지역 을 차지하고, 남쪽으로는 백제의 영역이었던 한 강 지역으로 세력을 확장했습니다.

3 고려의 문화유산 『직지심체요절』은 불교의 가르 침 중에서 깨달음에 관한 내용을 정리한 것으로, 유네스코 세계 기록 유산으로 등재되었습니다.

▲ 『직지심체요절』

4 이성계를 중심으로 한 세력이 고려를 무너뜨리 고 1392년에 조선을 건국했습니다.

5 이순신은 한산도 대첩에서 학이 날개를 펼친 듯 한 형태로 전선을 배치해 적을 공격하는 학익진 전법으로 일본 수군을 크게 물리쳤습니다.

6 프랑스와 미국의 침략을 물리친 흥선 대원군은 전국 각지에 척화비를 세워 서양 세력과 교류하 지 않겠다는 뜻의 통상 수교 거부 정책을 강화 했습니다.

7 고종은 을미사변 이후 자신의 안전을 지키고 일 본의 영향력을 벗어나고자 러시아 공사관으로 피해 머물렀다가(아관 파천) 1년 만에 경운궁 (덕수궁)으로 돌아왔습니다.

8 1919년 3월 1일에 우리나라에서 일어난 전국적인 항일 독립운동은 3·1 운동으로, 일제는 전국에서 발생한 만세 시위를 잔인하게 진압했습니다.

9 1945년 8월 15일 제2차 세계 대전 중 연합국이 일본과의 전쟁에서 승리하면서 우리나라는 광 복을 맞이하게 되었습니다.

10 북한군의 남침으로 시작된 6·25 전쟁은 남북한 모두에게 잊지 못할 상처와 피해를 남겼습니다.

11 우리나라의 첫 번째 대통령이었던 이승만은 1960년 3월 15일 예정된 정부통령 선거에서 이 기려고 3·15 부정 선거를 실행했고, 이에 많은 시민들이 이승만 정부의 잘못을 바로잡으려고 시위에 참여했습니다.

12 바람직한 문제 해결을 위해서는 나와 다른 의견도 인정하고 서로 협의해야 합니다.

13 바람직한 민주주의 사회에서는 누구나 차별받지 않고 평등하게 대우받아야 합니다.

14 국민이 뽑은 국회 의원이 모여 있는 기관인 국회는 나라의 중요한 일을 의논하고 결정하는 곳으로 법 만들기, 예산 심의, 국정 감사 등의 일을 합니다.

15 국방부는 우리나라를 안전하게 지키는 일을 합니다.

16 1960년대에 우리나라 기업은 정부의 경제 개발 계획에 따라 섬유, 신발, 가발, 의류 등과 같은 경공업 제품을 만들어 수출하며 성장했습니다.

17 1997년에 우리나라는 다른 나라에서 빌린 돈을 갚지 못해 외환 위기를 겪었습니다.

18 나라와 나라 사이에 물건과 서비스를 사고팔며 상호 교류하면서 서로 경제적인 이익을 얻는 것을 무역이라고 합니다.

19 각 나라의 특징을 살린 활발한 경제 교류로 이익을 얻기 위해서 서로 경제적으로 도움을 주고받습니다.

20 국외에서 수입하는 물건에 부과하는 세금을 관세라고 합니다.

57~61쪽	**기초성취도 평가**	**사회 2회**

1 단군왕검	**2** ①
3 ②	**4** ⓛ
5 가야	**6** 지후
7 ㉠	**8** 앙부일구
9 ①	**10** 프랑스
11 ②	**12** ①
13 자유	**14** ③
15 ②	**16** ③
17 ③	**18** ⓛ
19 ③	**20** (1) ㉠ (2) ⓛ

1 우리 역사 속 최초의 국가인 고조선을 세운 사람은 단군왕검입니다.

2 제시된 지도는 6세기 신라의 전성기를 나타낸 지도입니다.

3 장수왕은 수도를 평양 지역으로 옮기고 남쪽으로 영역을 더욱 확장했습니다.

4 무용총 접객도에는 시중드는 사람은 작게 그리고 신분이 높은 사람은 크게 그렸으며, 신분에 따라 입은 옷도 서로 다릅니다.

5 가야 문화와 관련된 역사 기록이 많이 남아 있지 않아 가야의 고분에서 출토된 물건들은 가야 문화를 이해하는 데 중요한 자료입니다.

6 대조영은 고구려 유민으로 당이 정치적으로 어지러운 틈을 타 동모산 지역에 발해를 세웠습니다.

7 서희의 담판 결과 고려는 송과 관계를 끊고 거란과 교류할 것을 약속했고, 압록강 동쪽의 강동 6주를 차지하게 되었습니다.

사회

8 앙부일구는 해의 그림자를 이용해 시간을 볼 수 있는 조선 세종 때 만들어진 해시계입니다.

9 권율은 행주산성에서 관군, 승병 등과 힘을 합해 일본군의 맹공격을 물리치고 큰 승리를 거두었습니다.

10 병인양요는 1866년 프랑스가 자국의 선교사 처형을 구실로 강화도를 침략하고 조선에 통상을 요구한 사건으로 양헌수가 군사를 이끌고 정족산성에서 프랑스군을 물리쳤습니다.

11 4·19 혁명을 계기로 민주적인 절차와 과정을 무시하고 들어선 정권은 국민 스스로 바로잡아야 한다는 교훈을 얻게 되었습니다.

12 6월 민주 항쟁의 결과 6·29 민주화 선언이 발표되었고, 그에 따라 1987년 제13대 대통령 선거가 직선제로 시행되었습니다.

13 민주주의를 이루려면 국가나 다른 사람들에게 구속받지 않고 자신의 의사를 스스로 결정할 수 있는 자유를 인정받아야 하며, 다른 사람의 자유를 침해해서도 안 됩니다.

14 보통 선거는 선거일 기준으로 만 18세 이상의 국민이면 누구나 투표할 수 있다는 것입니다.

15 정부는 법에 따라 나라의 살림을 맡아 하는 곳으로, 대통령이 최고 책임자입니다.

16 가계는 기업의 생산 활동에 참여하고, 그 대가로 소득을 얻습니다. 그리고 소득으로 필요한 물건을 구입합니다.

17 컴퓨터와 가전제품의 사용과 생산이 늘어나면서 컴퓨터와 전자 제품에 들어가는 핵심 부품인 반도체의 중요성이 커졌습니다.

18 ㉠ 우표에서 볼 수 있는 경공업은 1960년대에 발달하기 시작했으며, ㉡ 우표에서 볼 수 있는 철강 산업은 1970년대에 성장하기 시작했습니다.

19 공업화로 1960년대 이후 농촌의 젊은 사람들이 도시로 많이 이동하면서 농촌에 노동력이 부족해졌습니다.

20 다른 나라와 교류가 활발해지면서 외국 기업에서 일자리를 얻는 등 개인의 경제 활동 범위가 넓어지고, 기업들은 외국 기업과 새로운 기술과 아이디어를 주고받을 수 있게 되었습니다.

62~68쪽		학업성취도 평가 문항 분석표			사회 1회
문항 번호	정답	영역	평가 내용		배점
1	①	역사	고조선의 건국과 발전 과정 알기		4점
2	②	역사	신라의 성립과 발전 과정 알기		5점
3	④	역사	고려의 건국 과정 알기		4점
4	강화도	역사	몽골의 침입 파악하기		4점
5	⑤	역사	고려의 문화유산의 특징 알기		4점
6	신진 사대부	역사	정도전과 정몽주 알기		5점
7	④	역사	세종 대의 문화 발전 알기		4점
8	③	역사	병자호란의 결과 알기		4점
9	②	역사	정조의 업적 파악하기		4점
10	②	역사	강화도 조약의 특징 알기		4점
11	안중근	역사	안중근의 업적 알기		4점
12	③	역사	6·25 전쟁으로 인한 피해 알기		4점
13	③	정치	5·18 민주화 운동 알기		4점
14	②	정치	6·29 민주화 선언의 내용 알기		5점
15	①	정치	정치의 사례 찾기		4점
16	⑤	정치	민주주의를 실천하는 태도 파악하기		4점
17	(1) ㉃ (2) ㉠	정치	국회와 정부에서 하는 일 알기		4점
18	②	정치	각 정부 조직에서 하는 일 알기		4점
19	1. 법원 2. 권력 분립	정치	민주 정치의 원리 파악하기		5점
20	①	경제	합리적 선택 방법 알기		4점
21	④	경제	우리나라 경제의 특징 알기		4점
22	①	경제	우리나라의 경제 성장 과정 파악하기		4점
23	⑤	경제	경제 성장 과정에서 나타난 문제점과 해결 노력 알기		4점
24	농업	경제	다른 나라와 경제 교류를 하면서 생기는 문제점과 해결 방안 알기		4점

사회

학업성취도 평가

62~68쪽 사회 1회

1 ①	2 ②
3 ④	4 강화도
5 ⑤	6 신진 사대부
7 ④	8 ③
9 ②	10 ②
11 안중근	12 ③
13 ③	14 ②
15 ①	16 ⑤
17 ⑴ ㉡ ⑵ ㉠	18 ②
19 1. 법원 2. 권력 분립	20 ①
21 ④	22 ①
23 ⑤	24 농업

1 당과 동맹을 맺고 백제와 고구려를 멸망시킨 나라는 신라입니다.

2 박혁거세는 지금의 경주 지역을 중심으로 신라를 세웠고, 분황사는 선덕 여왕이 세운 절입니다. 법흥왕은 6세기에 이르러 낙동강을 넘어 가야 지역까지 세력을 넓힌 신라의 왕입니다.

3 경민이는 **1**, **2**는 맞았지만 **3**을 틀렸으므로 4점을 얻었습니다.

[문제당 2점]

번호	문제	정답
1	신라 말 지방에서 호족이 등장했다.	○
2	견훤이 세운 나라는 후고구려이다.	×
3	고려가 후삼국을 통일했다.	○

4 몽골의 1차 침입 이후 고려는 도읍을 개경에서 강화도로 옮기고 몽골과 싸웠습니다.

5 팔만대장경판을 통해 고려의 목판 제조술, 조각술, 인쇄술 등의 기술이 매우 뛰어났음을 알 수 있습니다.

6 신진 사대부는 고려 말 등장한 새로운 정치 세력으로 성리학을 공부하고 과거 시험으로 관리가 된 사람들입니다. 신진 사대부마다 고려 말의 어지러운 상황을 해결하고자 하는 방법이 달랐는데, 정몽주는 고려를 유지하면서 개혁하려고 했고, 정도전은 고려를 대신해 이성계를 중심으로 새로운 왕조를 세우고자 했습니다.

7 세종 대에는 과학 기술, 문화, 국방 등 여러 분야에서 큰 발전이 있었습니다. 세종은 우리나라 하늘에서 일어나는 각종 천문 현상을 연구하고자 해와 달, 별의 움직임을 관찰할 수 있는 혼천의를 만들었습니다.

8 병자호란 당시 인조는 남한산성으로 피신하여 청에 맞서 싸웠지만, 결국 남한산성에서 나와 삼전도에서 청 태종에게 항복했습니다.

9 조선 제22대 왕인 정조는 영조의 탕평책을 이어받아 인재를 고루 뽑아 정치를 안정시키려고 노력했으며, 새로운 과학 기술을 응용하여 수원 화성을 건설하고 상업의 중심지로 삼으려 했습니다.

10 강화도 조약은 외국(일본)과 맺은 최초의 근대적 조약이지만 불평등한 조약이었습니다.

11 안중근은 우리나라를 빼앗는 데 앞장선 이토 히로부미를 처단하는 일이 중요하다고 생각했습니다.

12 6·25 전쟁으로 많은 사람이 죽거나 다치고 국토가 황폐해졌습니다. 다시 일본의 식민 지배를 받지는 않았습니다.

13 1980년 전라남도 광주에서 민주화 시위가 대규모로 일어났습니다.

14 6·29 민주화 선언은 1987년 6월 민주 항쟁이 이끌어 낸 것입니다. 4·19 혁명은 1960년 3·15 부정 선거를 계기로 일어난 사건입니다.

15 사람들이 함께 살아가다 보면 여러 가지 문제가 생길 수 있는데, 이러한 문제를 원만하게 해결해 가는 과정이 정치입니다.

16 일상생활에서 부딪히는 다양한 문제와 갈등을 해결하려면 대화와 토론을 바탕으로 관용과 비판적 태도, 양보와 타협하는 자세가 필요합니다.

17 국회에서 하는 가장 중요한 일은 국민을 위한 법을 만드는 일입니다. 정부 조직에는 대통령을 중심으로 국무총리와 여러 개의 부, 처, 청 그리고 위원회가 있습니다.

18 기상청은 기상을 관측해 날씨를 알려 주는 정부 조직입니다.

19 법원(사법부)은 법에 따라 재판을 하는 곳, 국회(입법부)는 국가를 다스리는 법을 만드는 곳, 정부(행정부)는 법에 따라 국가 살림을 하는 곳입니다. 권력 분립은 국가 기관이 권력을 나누어 가지고 서로 감시하는 민주 정치의 원리입니다.

20 그림의 소비자는 같은 조건에서 비용이 적게 드는 것을 선택했습니다.

21 우리나라에서는 경제 활동으로 얻은 소득을 자신의 결정에 따라 자유롭게 사용할 수 있습니다.

22 우리나라에서는 1950년대에 식료품 공업, 섬유 공업 등 소비재 산업이 주로 발전했고, 1970년대에 중화학 공업 육성 계획 이후 철강, 석유 화학, 기계, 조선, 전자 등의 산업이 발전했습니다. 2000년대 이후부터는 생명 공학, 우주 항공, 신소재 산업, 로봇 산업과 같은 첨단 산업이 발달하고 있습니다.

식료품 공업(2200) − 신소재 공업(1700) = 500

23 정부는 기업끼리 상의해서 마음대로 가격을 올리지 못하도록 감시하고, 공정한 경제 활동을 할 수 있도록 공정 거래 위원회를 만들었습니다.

24 국가의 안정적 성장을 위해 자기 나라 산업을 보호하기도 합니다.

사회

학업성취도 평가 문항 분석표

문항번호	정답	영역	평가 내용	배점
1	삼국유사	역사	고조선의 건국 이야기 파악하기	4점
2	②, ③	역사	고조선의 대표 문화유산 알기	4점
3	④	역사	백제의 전성기를 이끈 왕의 업적 알기	4점
4	④	역사	발해의 성립과 발전 과정 파악하기	4점
5	고려	역사	고려의 건국 알기	4점
6	⑤	역사	거란의 침입과 고려의 대응 알기	5점
7	②	역사	세종 대에 이루어 낸 발전 알기	4점
8	③	역사	조선 시대 신분에 따른 생활 모습 알기	4점
9	ㄹ	역사	갑신정변의 전개 과정과 개혁안 알기	5점
10	③	역사	을미사변 알기	4점
11	유관순	역사	유관순 열사 알기	4점
12	ㅁ	역사	일제가 민족정신을 훼손하려고 한 일 파악하기	4점
13	④	정치	3·15 부정 선거 파악하기	5점
14	③	정치	박정희의 독재 정치 알기	4점
15	⑤	정치	민주적 의사 결정 원리 알기	4점
16	도훈	정치	민주주의를 실천하는 태도 파악하기	5점
17	③	정치	국회 의원의 특징 알기	4점
18	보건복지부	정치	정부 조직이 하는 일 알기	4점
19	②	경제	합리적인 선택의 결과 알기	4점
20	현지	경제	기업의 합리적 선택 방법 알기	4점
21	인터넷 쇼핑	경제	시장의 특징 파악하기	4점
22	④	경제	우리나라의 경제 성장 과정 파악하기	4점
23	⑤	경제	경제 성장 과정에서 나타난 문제점과 해결 노력 알기	4점
24	③	경제	다른 나라와의 경제 교류 파악하기	4점

69~75쪽	학업성취도 평가	사회 2회

1 삼국유사 2 ②, ③
3 ④ 4 ④
5 고려 6 ⑤
7 ② 8 ③
9 ㄹ 10 ③
11 유관순 12 ㅁ
13 ④ 14 ③
15 ⑤ 16 도훈
17 ③ 18 보건복지부
19 ② 20 현지
21 인터넷 쇼핑 22 ④
23 ⑤ 24 ③

1 『삼국유사』는 고려 시대에 일연이 고조선부터 후삼국까지를 기록한 역사서입니다.

2 고조선을 대표하는 미송리식 토기, 비파형 동검, 탁자식 고인돌의 분포 지역으로 고조선의 문화 범위를 짐작할 수 있습니다. ①, ④는 백제, ⑤는 신라의 문화유산입니다.

3 백제는 고구려의 왕자인 온조가 한강 지역에 세운 나라로, 4세기 근초고왕 때 삼국 중 가장 먼저 전성기를 맞았습니다.

4 발해는 군사, 문화적 힘이 강력한 나라로 발전해 바다 동쪽에서 기운차게 일어나 번성하는 나라라는 뜻의 '해동성국'이라고 불렸습니다.

5 고려는 고구려의 옛 땅에 나라를 세웠고, 고구려의 정신을 계승하기 위해 나라의 이름을 고려라고 했습니다.

6 서희는 고려와 송의 관계를 끊길 원하는 거란의 침입 의도를 파악하고 소손녕과 담판을 벌였습니다.

7 세종 대에 과학 기술과 문화가 크게 발전했는데, 비가 내린 양을 측정할 수 있는 측우기를 각 고을에 보급해 지역의 기후를 파악하고 세금을 걷는 데 활용했습니다. '훈민정음'은 백성을 가르치는 바른 소리라는 의미로, 세종은 백성들이 글을 몰라 어려움을 겪자, 이를 덜어 주려고 일부 신하들의 반대에도 우리글을 만들었습니다.

8 조선 시대에는 태어날 때부터 신분이 정해져 있어 크게 양인과 천민으로 나뉘었습니다. 양인은 양반, 중인, 상민으로 구분되었습니다.

양반	관리가 되거나, 유교의 가르침이 담긴 책을 공부하고 지역의 선비들과 여러 가지 주제로 토론하기도 했음.
중인	궁궐에서 그림을 그리거나 외국 사신을 맞이하며 통역을 담당하기도 했음.
상민	대부분 농사를 지으며 나라에 큰 공사나 일이 있을 때 불려 가기도 했음.
천민	양반의 집이나 관공서에서 허드렛일이나 물건을 만드는 일을 하거나, 따로 살면서 주인집에 신공을 바치기도 했음.

9 김옥균을 중심으로 한 사람들은 우정총국의 개국 축하 잔치를 틈타 정변을 일으키고, 주요 개혁 정책을 발표했습니다. 전봉준은 동학 농민 운동의 지도자입니다.

10 1895년 일본은 경복궁에 침입해 명성 황후를 시해하는 만행을 저질렀는데, 이 사건을 을미사변이라고 합니다.

11 우리나라의 독립운동가 유관순에 대한 설명입니다.

12 일제는 우리나라가 식민 지배를 받는 것이 당연하다고 생각하도록 우리나라의 역사를 축소하고 왜곡해 가르쳤습니다.

13 유권자들에게 돈이나 물건을 주면서 이승만 정부에 투표하도록 하거나, 정상적으로 투표한 투표함을 조작된 투표용지를 넣은 투표함과 바꾸는 등의 방법으로 부정 선거를 실행했습니다.

14 박정희는 5·16 군사 정변으로 정권을 잡았습니다. 이후 1972년 유신 헌법을 공포해 독재 정치를 이어 갔습니다.

15 다수의 의견이 소수의 의견보다 합리적일 것이라고 가정하고 다수의 의견을 채택하는 민주적 의사 결정 방법을 다수결의 원칙이라고 합니다.

16 비판적 태도는 사실이나 의견의 옳고 그름을 따져 살펴보는 태도를 말합니다.

17 국회 의원은 국민의 선거로 4년마다 선출합니다.

18 보건복지부는 국민의 건강을 책임지는 일을 합니다.

19 합리적인 선택이란 품질, 디자인, 가격 등을 고려해 가장 적은 비용으로 큰 만족감을 얻을 수 있도록 선택하는 것을 말합니다.

20 기업은 적은 비용으로 많은 수입을 얻기 위한 선택을 합니다. 따라서 많이 팔릴 물건을 만들기 위한 생산 비용도 생각해야 합니다.

21 직접 시장에 가지 않고 텔레비전이나 인터넷을 이용해 물건을 사고팔 수 있습니다.

22 1960년대에 우리나라는 선진국보다 자원과 기술은 부족했지만 노동력은 풍부했으므로, 신발, 가발, 옷과 같이 사람이 직접 손으로 만드는 과정이 많은 산업에 유리했습니다.

23 공정 거래 위원회는 기업끼리 가격을 상의해 올릴 수 없도록 감시하고, 허위·과장 광고를 하지 못하도록 감시하기도 합니다.

24 우리나라는 중국과의 수출액, 수입액 비율이 가장 높습니다.

정답과 풀이 과학

76~80쪽	기초성취도 평가	과학 1회

1 ②	2 ②
3 ①	4 (1) – ⓒ, (2) – ㉠
5 ②	6 ③
7 ③	8 준후
9 ⓒ	10 염기성
11 지우	12 ①
13 ㉠	14 ③
15 ③	16 (1) – ㉠, (2) – ⓒ
17 ①	18 ②
19 ①	20 ①

1 먹을 음식은 탐구 계획을 세울 때 들어가야 하는 내용이 아닙니다.

2 발표 자료에는 탐구 문제, 탐구 기간, 탐구 장소, 탐구한 사람, 준비물, 탐구 순서, 역할 분담, 탐구 결과, 결론, 느낀 점과 더 탐구하고 싶은 것 등이 들어가야 합니다.

3 벼는 생산자이고, 1차 소비자인 메뚜기의 먹이입니다.

4 살아 있는 것은 생물 요소라고 하고, 살아 있지 않은 것은 비생물 요소라고 합니다.

5 공기 중의 수증기가 차가운 물체 표면에 닿아 물방울로 맺히는 이슬이 발생하는 원리를 알아보는 실험입니다.

6 ㉠은 여름에 이동해 오는 따뜻하고 습한 공기 덩어리입니다.

7 남자아이는 시간이 지남에 따라 위치가 변하지 않았으므로 운동하지 않은 물체입니다.

8 결승선까지 달리는 데 걸린 시간이 가장 짧은 준후가 가장 빠르게 달렸습니다.

9 석회수는 색이 없고, 유리 세정제는 연한 푸른 색입니다.

10 요구르트는 산성 물질, 치약은 염기성 물질입니다. 염기성인 치약으로 양치질을 하면 입안의 산성 물질을 없애 세균 활동을 억제할 수 있습니다.

11 가설을 세울 때는 탐구를 하여 알아보려는 내용이 분명하게 드러나야 하고, 이해하기 쉽도록 간결하게 표현해야 합니다.

12 원형으로 보이는 달의 이름은 보름달입니다.

▲ 보름달   ▲ 하현달   ▲ 그믐달

13 지구가 자전축을 중심으로 하루에 한 바퀴씩 서쪽에서 동쪽(시계 반대 방향)으로 회전하는 것을 지구의 자전이라고 합니다.

과학

14 산소는 색깔과 냄새가 없고 다른 물질이 타는 것을 도와줍니다.

15 이산화 탄소는 냄새가 없습니다.

16 풍선을 공중에 띄우는 데 이용하는 기체는 헬륨이고, 응급 환자의 호흡 장치에 이용하는 기체는 산소입니다.

▲ 풍선에 이용하는 헬륨　　▲ 호흡 장치에 이용하는 산소

17 식물은 잎에서 일어나는 증산 작용으로 식물의 온도를 조절합니다.

18 줄기의 세로 단면에는 여러 개의 붉은 선이 줄기를 따라 이어져 있습니다.

19 프리즘은 유리나 플라스틱 등으로 만든 투명한 삼각기둥 모양의 기구입니다.

20 서로 다른 물질의 경계에서 빛이 꺾여 나아가는 현상을 빛의 굴절이라고 합니다.

81~85쪽	기초성취도 평가	과학 2회
1 ③		**2** ②
3 ②		**4** ①
5 ①		**6** 기차
7 ㉡		**8** ①
9 아영		**10** (1) – ㉠, (2) – ㉡
11 ①		**12** 현서
13 ②		**14** ③
15 ②		**16** ①
17 ①		**18** ③
19 ①		**20** ㉡

1 발표 자료에는 탐구 문제, 탐구 기간, 탐구 장소, 탐구한 사람, 준비물, 탐구 순서, 역할 분담, 탐구 결과, 결론, 느낀 점과 더 탐구하고 싶은 것 등이 들어가야 합니다.

2 메뚜기는 벼를 먹고, 개구리는 메뚜기를 먹습니다.

3 얼음과 눈이 많은 서식지에서는 하얀색 털을 지닌 여우가 살아남기에 유리합니다.

4 공기가 지표면에서 하늘로 올라가면서 차가워져 공기 중 수증기가 응결해 물방울이 되거나 얼음 알갱이 상태로 변해 하늘에 떠 있는 것을 구름이라고 합니다.

5 ㉠은 겨울에 이동해 오는 차갑고 건조한 공기 덩어리입니다.

6 일정한 시간 동안 가장 긴 거리를 이동한 기차가 가장 빠른 교통수단입니다.

7 도로 주변에서 교통안전 사고가 일어나지 않게 하려면 교통안전 수칙을 잘 지켜야 합니다. 무단횡단을 하지 않고 횡단보도에서 길을 건너야 하고, 횡단보도를 건널 때에는 자동차가 멈췄는지 확인하고 건너야 합니다.

8 염기성 용액인 묽은 수산화 나트륨 용액은 두부를 녹입니다.

9 1분을 측정할 수 있는 모래시계를 만들고, 초시계로 모래가 모두 떨어지는 데 걸리는 시간을 측정하였을 때 측정한 시간이 1분보다 짧은 것은 페트병에 넣은 모래의 양이 적기 때문입니다. 문제점을 해결하기 위해서는 페트병에 모래를 더 넣으면 됩니다.

10 산성 용액에서는 자주색 양배추 지시약이 붉은색 계열의 색깔로 변하고, 염기성 용액에서는 자주색 양배추 지시약이 푸른색이나 노란색 계열의 색깔로 변합니다.

11 탐구 문제를 정하고 탐구의 결과를 예상하는 것을 가설 설정이라고 합니다.

12 가설을 세울 때에는 이해하기 쉽도록 간결하게 표현해야 하고, 탐구를 하여 알아보려는 내용이 분명하게 드러나야 합니다.

13 지구가 태양을 중심으로 일 년에 한 바퀴씩 서쪽에서 동쪽(시계 반대 방향)으로 회전하는 것을 지구의 공전이라고 합니다. ②는 지구의 자전에 대한 설명입니다.

14 지구가 겨울철 위치에 있을 때 여름철 별자리는 태양과 같은 방향에 있어 태양 빛 때문에 볼 수 없으므로 겨울철에는 여름철 별자리인 거문고자리를 볼 수 없습니다.

15 산소는 색깔과 냄새가 없고 스스로 타지 않지만 다른 물질이 타는 것을 돕습니다. 불을 끄게 하는 것은 이산화 탄소의 성질입니다.

16 질소는 식품 포장을 하거나 과일을 신선하게 유지할 때, 또는 혈액과 세포 등을 보존할 때 이용합니다.

17 붉은 색소 물에 넣어 둔 백합 줄기를 잘랐을 때 줄기 단면에서 붉게 보이는 부분은 물이 이동한 통로입니다

18 열매는 어린 씨를 보호하고, 씨가 익으면 멀리 퍼뜨립니다.

19 물을 붓지 않았을 때에는 젓가락이 반듯했지만 물을 부은 다음에는 젓가락이 꺾여 보입니다.

20 햇빛을 볼록 렌즈에 통과시키면 햇빛을 굴절시켜 한곳으로 모을 수 있고, 볼록 렌즈는 렌즈의 가운데 부분이 가장자리보다 두꺼운 렌즈입니다.

과학

문항 번호	정답	영역	평가 내용	배점
1	㉠	물질	탐구하는 과정과 순서 알기	4점
2	④	생명	생물 요소과 비생물 요소로 구분하기	4점
3	⑤	생명	생태계의 구성 요소를 이해하기	4점
4	아름	생명	비생물 요소가 생물에 미치는 영향 설명하기	4점
5	⑤	생명	환경 오염으로 인한 생태계 파괴에 대해 알기	4점
6	①	지구와 우주	습도가 무엇인지 파악하기	4점
7	④	지구와 우주	날씨와 우리 생활의 관계 알기	4점
8	①	운동과 에너지	물체의 이동 거리와 걸린 시간으로 속력 구하기	4점
9	(1) − ㉡, (2) − ㉠	운동과 에너지	속력과 관련된 안전장치 기능 설명하기	4점
10	⑤	운동과 에너지	속력으로 빠르기 비교하기	5점
11	⑤	물질	지시약으로 산성 용액과 염기성 용액으로 분류하기	4점
12	대리석	물질	우리 생활에서 산성 용액으로 인한 영향 파악하기	4점
13	㉠	물질	탐구 과정 순서도로 나타내기	4점
14	④	지구와 우주	하루 동안 태양의 위치 변화 설명하기	4점
15	⑤	지구와 우주	하루 동안 태양의 위치 변화를 지구의 자전과 관련지어 설명하기	5점
16	⑤	지구와 우주	달의 모양과 달의 이름 파악하기	4점
17	④	물질	산소의 성질과 이용 사례에 대해 파악하기	5점
18	(1) − ㉡, (2) − ㉠	물질	온도에 따라 기체의 부피가 달라짐을 설명하기	4점
19	④	물질	압력에 따라 기체의 부피가 달라짐을 설명하기	5점
20	세영	생명	꽃의 구조와 하는 일 설명하기	4점
21	⑤	생명	식물 세포와 동물 세포 관찰하기	4점
22	④	생명	식물의 각 부분이 하는 일 이해하기	4점
23	⑤	운동과 에너지	햇빛에 여러 가지 색의 빛이 섞여 있음을 설명하기	5점
24	굴절	운동과 에너지	빛의 굴절 현상 이해하기	4점

86~92쪽	학업성취도 평가	과학 1회

1 ㉠	2 ④
3 ⑤	4 아름
5 ⑤	6 ①
7 ④	8 ①
9 (1) – ㉢, (2) – ㉠	10 ⑤
11 ⑤	12 대리석
13 ㉠	14 ④
15 ⑤	16 ⑤
17 ④	18 (1) – ㉢, (2) – ㉠
19 ④	20 세영
21 ⑤	22 ④
23 ⑤	24 굴절

1 스스로 탐구할 때에는 먼저 탐구 문제를 정하고 탐구 계획을 세운 뒤, 탐구를 실행합니다. 이후에 탐구를 실행한 결과를 발표합니다.

2 햇빛과 흙처럼 살아 있지 않은 것은 비생물 요소이고, 연꽃과 붕어처럼 살아 있는 것은 생물 요소입니다.

3 토끼와 메뚜기는 소비자이고, 버섯은 분해자이며, 봉숭아와 느티나무는 생산자입니다.

4 강낭콩과 같은 식물은 햇빛을 이용하여 양분을 얻습니다. 공기가 없으면 동물은 숨을 쉴 수 없습니다. 물은 생물이 생명을 유지하는 데 필요합니다.

5 사진은 공장 폐수 유출로 인해 수질이 오염되는 모습입니다. ①, ④는 토양, ②, ③은 대기를 오염시키는 직접적인 원인입니다.

6 공기 중에 수증기가 포함된 정도를 습도라고 합니다.

7 기상 조건에 따른 감기 발생 가능 정도를 단계별로 나타낸 것을 감기 가능 지수라고 합니다.

8 속력 = 이동 거리 ÷ 걸린 시간이므로 1200 m ÷ 600 s = 2 m/s입니다.

9 자동차의 속력이 클 때 충돌 사고가 발생하면 큰 충격이 가해져 자동차 탑승자와 보행자가 크게 다칠 수 있습니다. 안전띠는 긴급 상황에서 탑승자의 몸을 고정해 줍니다. 과속 방지 턱은 자동차의 속력을 줄여서 사고를 막습니다.

10 속력은 ① 120 km/h, ② 240 km/h, ③ 2 km/h, ④ 140 km/h, ⑤ 250 km/h로 속력이 가장 큰 ⑤가 가장 빠릅니다.

11 자주색 양배추 지시약은 염기성 용액에서 푸른색이나 노란색 계열의 색깔로 변합니다.

12 서울 원각사지 십층 석탑은 대리석으로 만들어져 있기 때문에 산성 물질에 훼손될 수 있어 유리 보호 장치를 했습니다. 대리석은 산성비나 새의 배설물과 같은 산성 물질이 닿으면 녹을 수 있습니다.

13 탐구 과정은 문제 인식, 가설 설정, 변인 통제, 자료 변환, 자료 해석, 결론 도출 순서입니다.

과학

14 태양은 동쪽 하늘에서 보이기 시작하여 남쪽 하늘을 지나 서쪽 하늘로 움직이는 것처럼 보입니다.

15 지구의를 회전시키면 낮과 밤이 바뀝니다.

16 ①은 그믐달, ②는 초승달, ③은 하현달, ④는 상현달, ⑤는 보름달의 모습입니다.

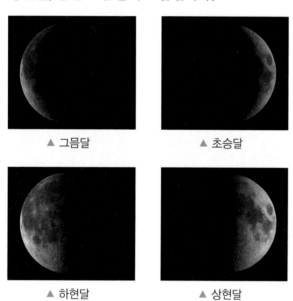

▲ 그믐달　　　　　▲ 초승달

▲ 하현달　　　　　▲ 상현달

17 잠수부의 압축 공기통이나 응급 환자의 호흡 장치에 이용되는 기체는 산소입니다.

18 기체는 온도가 높아지면 부피가 커지고, 온도가 낮아지면 부피가 작아집니다. 뜨거운 음식을 비닐 랩으로 포장하면 비닐 랩이 볼록하게 부풀어 오르는 것을 볼 수 있고, 물이 조금 담긴 페트병을 마개로 막아 냉장고에 넣고 시간이 지난 뒤 살펴보면 페트병이 찌그러지는 것을 볼 수 있습니다.

19 피스톤을 누르면 주사기에 들어 있는 공기의 부피가 작아집니다.

20 꽃은 꽃가루받이(수분)를 거쳐 씨를 만드는 일을 합니다. 꽃은 사과꽃처럼 대부분 암술, 수술, 꽃잎, 꽃받침으로 이루어져 있지만, 수세미오이 꽃처럼 암술, 수술, 꽃잎, 꽃받침 중 일부가 없는 꽃도 있습니다.

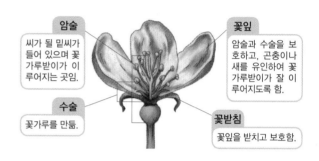

암술
씨가 될 밑씨가 들어 있으며 꽃가루받이가 이루어지는 곳임.

꽃잎
암술과 수술을 보호하고, 곤충이나 새를 유인하여 꽃가루받이가 잘 이루어지도록 함.

수술
꽃가루를 만듦.

꽃받침
꽃잎을 받치고 보호함.

21 식물 세포와 동물 세포에는 공통적으로 핵과 세포막이 있습니다.

22 줄기는 뿌리에서 흡수한 물을 식물 전체로 보내는 물의 이동 통로 역할을 합니다.

23 햇빛이 프리즘을 통과하면 여러 가지 빛깔로 나타나는 것으로 보아 햇빛은 여러 가지 빛깔로 이루어져 있음을 알 수 있습니다.

24 물속에 있는 물체의 모습은 실제와 다른 위치에 있는 것처럼 보입니다. 그 까닭은 빛이 공기와 물의 경계에서 굴절하기 때문입니다.

▲ 빛의 굴절

| **학업성취도 평가 문항 분석표** |

문항 번호	정답	영역	평가 내용	배점
1	①	물질	스스로 탐구하는 과정과 순서 알기	4점
2	②	생명	생태계 보전을 위한 실천 방법 알기	4점
3	(1) – ㉢, (2) – ㉠, (3) – ㉡	생명	생물 요소의 뜻과 예시 알기	4점
4	②	지구와 우주	기압의 뜻 알기	5점
5	⑤	지구와 우주	지면과 수면의 하루 동안의 온도 변화 그래프 해석하기	4점
6	승민	지구와 우주	이슬의 뜻 알기	4점
7	④	운동과 에너지	일정한 빠르기로 운동하는 물체 알기	4점
8	③	운동과 에너지	일정한 거리를 이동하는 데 걸린 시간을 측정해 빠르기 비교하기	5점
9	③	운동과 에너지	일정한 시간 동안 이동한 물체의 빠르기 비교하기	4점
10	㉣	물질	산성 용액과 염기성 용액의 리트머스 종이 색깔 변화 알기	4점
11	①	물질	우리 생활에서 산성 용액과 염기성 용액을 이용하는 예 알기	4점
12	⑤	물질	여러 가지 용액의 분류 기준 알기	4점
13	⑤	물질	탐구하는 과정 알기	4점
14	정원	물질	실험할 때 주의할 점 알기	4점
15	④	지구와 우주	하루 동안 지구의 움직임 알아보기	4점
16	⑤	지구와 우주	지구가 공전하는 데 걸리는 시간 알기	4점
17	①	지구와 우주	달의 모양과 이름 알기	4점
18	㉢	물질	기체 발생 장치에서 만들어진 기체가 모이는 곳 알기	4점
19	③	물질	공기를 이루는 여러 가지 기체의 쓰임새 알기	4점
20	②	생명	증산 작용의 뜻 알기	5점
21	㉡ → ㉠ → ㉢	생명	땅속의 물이 식물에서 이동하는 과정과 순서 알기	4점
22	③	운동과 에너지	물속에 있는 물체의 모습이 실제와 다르게 보이는 까닭 알기	5점
23	③	운동과 에너지	볼록 렌즈의 쓰임새 알기	4점
24	③	운동과 에너지	간이 사진기로 본 물체의 모습 알기	4점

과학

93~99쪽 **학업성취도 평가** 과학 2회

1 ①	2 ②
3 (1) – ©, (2) – ⊙, (3) – ©	4 ②
5 ⑤	6 승민
7 ④	8 ③
9 ③	10 @
11 ①	12 ⑤
13 ⑤	14 정원
15 ④	16 ⑤
17 ①	18 ©
19 ③	20 ②
21 © → ⊙ → ©	22 ③
23 ③	24 ③

1 스스로 탐구를 할 때에는 먼저 탐구 문제를 정하고 탐구 계획을 세운 뒤 탐구를 실행합니다. 이후에 탐구를 실행한 결과를 발표합니다.

2 생태계를 보전하기 위해서는 가까운 곳을 갈 때 자동차 대신 걷거나 자전거를 타고 이동하며, 일회용품을 사용하지 않아야 합니다.

3 버섯은 죽은 생물이나 배출물을 분해하여 양분을 얻는 분해자입니다. 강아지풀은 햇빛 등을 이용하여 필요한 양분을 스스로 만드는 생산자입니다. 고양이는 스스로 양분을 만들지 못하고 다른 생물을 먹이로 하여 살아가는 소비자입니다.

4 상대적으로 저기압보다 공기가 더 무거운 것을 고기압이라고 합니다.

5 밤에는 지면의 온도가 수면의 온도보다 낮습니다.

6 이슬은 공기 중 수증기가 응결해 나뭇가지나 풀잎 표면 등에 물방울로 맺히는 것입니다. 목욕탕 거울이 뿌옇게 흐려지는 것과 이슬이 만들어지는 원리는 비슷합니다.

7 축구공과 롤러코스터는 빠르기가 변하는 운동을 하는 물체입니다.

8 일정한 거리를 이동하는 데 걸린 시간을 측정해 빠르기를 비교합니다.

9 일정한 시간 동안 긴 거리를 이동한 물체가 짧은 거리를 이동한 물체보다 더 빠릅니다.

10 붉은색 리트머스 종이는 염기성 용액을 만나면 푸른색으로 변합니다. 석회수는 염기성 용액이기 때문에 붉은색 리트머스 종이를 푸른색으로 변하게 합니다. 식초, 레몬즙, 사이다, 묽은 염산은 산성 용액입니다.

▲ 푸른색으로 변한 붉은색 리트머스 종이

11 식초와 변기용 세제는 산성 용액을 이용한 예이고, 제산제와 표백제는 염기성 용액을 이용한 예입니다.

12 유리 세정제와 빨랫비누 물은 흔들었을 때 거품이 3초 이상 유지되지만 나머지는 그렇지 않습니다.

13 실험 결과를 보고 가설이 맞는지 판단하고 결론을 이끌어 내는 과정을 결론 도출이라고 합니다.

14 실험을 할 때에는 계획한 과정에 따라 실험하고, 관찰한 내용을 빠짐없이 기록해야 합니다. 실험 결과가 예상과 다르더라도 고치거나 빼지 않습니다.

15 지구의 자전에 대해 알아보는 실험입니다.

16 지구는 일 년에 태양을 중심으로 한 바퀴씩 공전합니다.

17 음력 2~3일에 보이는 눈썹 모양의 달은 초승달입니다.

18 기체 발생 장치의 삼각 플라스크에서 발생한 기체는 호스와 ㄱ자 유리관을 통해 이동하여 집기병 안쪽에 모입니다.

19 식품의 내용물을 보존하거나 신선하게 보관하는 데 이용하는 기체는 질소입니다.

20 증산 작용은 잎에 도달한 물이 기공을 통해 식물 밖으로 빠져나가는 것을 말합니다.

▲ 증산 작용

21 땅속의 물은 식물의 뿌리에서 흡수되어 줄기를 거쳐 잎으로 이동합니다. 줄기는 물의 이동 통로이고, 잎은 사용되고 남은 물을 식물 밖으로 내보냅니다.

22 물속의 젓가락에 반사되어 나온 빛이 수면에서 꺾여 눈에 들어와 젓가락이 그 연장선 위에서 보이게 되므로 꺾여 보입니다.

23 망원경, 현미경, 확대경은 볼록 렌즈를 이용해 만든 기구입니다.

▲ 볼록 렌즈

24 간이 사진기로 물체를 보면 상하좌우가 바뀌어 보입니다.

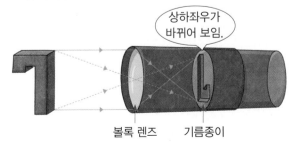

상하좌우가 바뀌어 보임.

볼록 렌즈   기름종이

100~104쪽 **기초성취도 평가** 영어 1회

1 ③	2 ①
3 ②	4 ②
5 ①	6 병원
7 ①	8 (1) ⓑ (2) ⓐ
9 ②	10 ②
11 ②	12 10(월) 26(일)
13 ①	14 Ted
15 (1) 양말 (2) 2달러	16 ②
17 ③	18 (1) ⓒ (2) ⓐ
19 I like to draw.	20 ②

1~12 듣기

1 | Script

W: How was your weekend?
주말 어떻게 보냈니?

B: It was good. I swam at the beach.
좋았어요. 저는 해변에서 수영을 했어요.

주말을 어떻게 보냈는지 묻는 질문에 남자아이가 좋았고 해변에서 수영을 했다고 답했으므로 수영하는 그림인 ③이 알맞습니다.

2 | Script

G: ① How much are the shoes?
신발은 얼마인가요?

② How much are the pants?
바지는 얼마인가요?

③ How much are the glasses?
안경은 얼마인가요?

신발의 가격을 묻고 답하는 그림이므로 ①이 알맞습니다.

3 | Script

B: I want to be a traveler. I want to travel to many countries.
나는 여행가가 되고 싶어. 나는 많은 국가를 여행하고 싶어.

남자아이는 여행가가 되어서 많은 국가를 여행하고 싶다고 했으므로 ②가 알맞습니다.

4 | Script

B: What's your favorite subject?
네가 좋아하는 과목은 무엇이니?

G: ① My favorite subject is Korean.
내가 좋아하는 과목은 국어야.

② My favorite subject is art.
내가 좋아하는 과목은 미술이야.

③ My favorite subject is science.
내가 좋아하는 과목은 과학이야.

미술을 좋아하는 그림이므로 ②가 알맞습니다.

5 | Script

G: ① I like cooking.
나는 요리하는 것을 좋아해.

② I like riding my bike.
나는 자전거 타는 것을 좋아해.

③ I like reading books.
나는 책 읽는 것을 좋아해.

여자아이가 요리하는 그림이므로 ①이 알맞습니다.

6 | Script

> W: **Go straight two blocks and turn left. It's on your right.**
> 곧장 두 구역 가서 왼쪽으로 돌아. 오른쪽에 있어.

'곧장 두 구역 가서 왼쪽으로 돌아. 오른쪽에 있어.'
라고 했으므로 병원(hospital)이 알맞습니다.

7 | Script

> B1: **What's wrong?** 어디가 아프니?
> B2: **I have a runny nose.** 콧물이 나.
> W: **You have a fever, too.** 열도 나는구나.
>   **Take this medicine and get some rest.** 이 약을 먹고 좀 쉬렴.
> B2: **Thank you.** 감사해요.

남자아이의 증상은 runny nose(콧물)와 fever(열)
이므로 ①이 알맞습니다.

8 | Script

> G: ① **I'm in the second grade.** 나는 2학년이야.
>   ② **I'm in the first grade.** 나는 1학년이야.

(1) second grade(2학년)에 해당하는 그림은 ⓑ입니다.
(2) first grade(1학년)에 해당하는 그림은 ⓐ입니다.

9 | Script

> G: **What are you going to do this afternoon?**
> 오늘 오후에 무엇을 할 예정이니?
> B: ① **I'm going to go shopping.**
>   나는 쇼핑을 갈 거야.
>   ② **I'm going to see a musical.**
>   나는 뮤지컬을 볼 거야.
>   ③ **I'm going to have soccer practice.**
>   나는 축구 연습을 할 거야.

남자아이가 뮤지컬을 볼 계획을 말하는 그림이므로
②가 알맞습니다.

10 | Script

> W: **There is a sofa in the living room.**
> 거실에 소파가 있어.

거실에 소파가 있다고 했으므로 ②가 알맞습니다.

11 | Script

> B: ① **Can you come to the dance contest?**
>   춤 경연 대회에 올 수 있니?
>   ② **When is the dance contest?**
>   춤 경연 대회가 언제니?
>   ③ **What's that?**
>   저것은 무엇이니?

특정한 날이나 행사의 날짜를 물어볼 때는 When is ~?
로 나타냅니다.

영어

12 | Script

> **B: When is the science festival?**
> 과학 축제가 언제니?
>
> **G: It's on October 26th.** 10월 26일이야.
> **Can you come to the festival?**
> 축제에 올 수 있니?
>
> **B: Sorry, I can't. I'll visit my cousin in Busan.**
> 미안하지만, 갈 수 없어. 부산에 있는 사촌을 방문할 거야.

science festival(과학 축제)은 October 26th(10월 26일)에 열린다고 말하고 있습니다.

13~20 읽기 · 쓰기

13 A: 너는 무엇이 되고 싶니?
B: 나는 디자이너가 되고 싶어.

장래 희망을 묻는 질문에 디자이너가 되고 싶다고 답했으므로 ①이 알맞습니다.

14 그는 짧은 곱슬머리를 하고 있어.
그는 안경을 쓰고 있어.

short curly hair(짧은 곱슬머리), glasses(안경)에 해당하는 사람은 Ted입니다.

15 A: 양말은 얼마인가요?
B: 2달러예요.

양말의 가격을 묻는 질문에 2달러라고 답했습니다.

16 나는 열이 나요.

'나는 열이 나요.'라는 의미의 문장이므로 ②가 알맞습니다.

17 정말 멋진 침실이야!

침실 그림이므로 ③ bedroom이 알맞습니다.
bathroom은 욕실, kitchen은 부엌입니다.

18 ⓐ 캠핑을 갔다
ⓑ 책을 많이 읽었다
ⓒ 사진을 많이 찍었다

(1) 사진을 많이 찍는 그림이므로 ⓒ가 알맞습니다.
(2) 캠핑을 간 그림이므로 ⓐ가 알맞습니다.

19 I like to draw.
나는 그림 그리는 것을 좋아한다.

암호 ◆◈♥◀를 풀면 draw(그리다)입니다.

20 제니: 공원이 어디에 있니?
케빈: 곧장 한 구역 가서 오른쪽으로 돌아. 학교 뒤에 있어.

'곧장 한 구역 가서 오른쪽으로 돌아.'라고 했으므로 ②가 일치하지 않습니다.

105~109쪽 **기초성취도 평가** **영어 2회**

1 ②	2 ③
3 ③	4
5 ②	6 ①
7 ②	8 ①
9 ②	10 중국어 배우기
11 ③	12 ③
13 ②	14 (1) ⓒ (2) ⓐ
15 부엌	16 ⓒ
17 ②	18 Emma
19 (1) hospital (2) park	20 subject

1~12 듣기

1 | Script

B: **What did you do during the vacation?**
너는 방학 동안 뭐 했니?

G: **I went camping.** 나는 캠핑을 갔어.

방학 동안 한 일을 묻는 질문에 여자아이가 캠핑을 갔다고 답했으므로 ②가 알맞습니다.

2 | Script

① B: **There is a toilet.**
변기가 있어.

G: **There is a bath, too.** 욕조도 있어.

② B: **There is a TV on the wall.**
벽에 TV가 걸려 있어.

G: **What a nice living room!**
정말 멋진 거실이야!

③ B: **There is a TV.** TV가 있어.

G: **There are many desks and chairs, too.**
책상들과 의자들도 많이 있어.

책상과 의자가 많이 있는 교실 그림이므로 ③이 알맞습니다.

3 | Script

G: **What's your favorite subject?**
네가 좋아하는 과목은 무엇이니?

B: **My favorite subject is art.**
내가 좋아하는 과목은 미술이야.

좋아하는 과목을 묻는 질문에 남자아이는 미술(art)이라고 답했습니다.

4 | Script

G: **How much are the boots?**
부츠는 얼마인가요?

W: **They are fourteen dollars.** 14달러예요.

G: **Good. I'll take them.** 좋아요. 제가 살게요.

부츠의 가격을 묻고 답한 후 여자아이가 부츠를 산다고 했으므로, 부츠 그림이 알맞습니다.

5 | Script

B: **I want to be a writer.** 나는 작가가 되고 싶어.

작가가 되고 싶다고 했으므로 ②가 알맞습니다.

6 | Script

W: **What is he wearing?**
그는 무엇을 입고 있니?

B: ① **He's wearing a white T-shirt.**
그는 흰색 티셔츠를 입고 있어요.

② **He's wearing a yellow cap.**
그는 노란색 모자를 쓰고 있어요.

③ **He's wearing brown pants.**
그는 갈색 바지를 입고 있어요.

남자아이는 white T-shirt(흰색 티셔츠)를 입고 있습니다.

영어

7 | Script

> ① G: When is the club festival?
> 동아리 축제가 언제니?
>
> B: It's on November 10th. 11월 10일이야.
>
> ② G: When is the piano concert?
> 피아노 연주회가 언제니?
>
> B: It's on January 5th. 1월 5일이야.
>
> ③ G: Can you come to the market?
> 알뜰 시장에 올 수 있니?
>
> B: Sorry, I can't. 미안하지만, 갈 수 없어.

여자아이가 piano concert(피아노 연주회)의 날짜를 묻고, 남자아이가 January 5th(1월 5일)라고 답하고 있는 ②가 알맞습니다.

8 | Script

> B: How much are the socks?
> 양말은 얼마인가요?
>
> W: They're seven dollars. 7달러예요.
>
> B: Good. I'll take them. 좋아요. 제가 살게요.

양말의 가격을 묻는 남자아이의 질문에 직원이 7달러라고 답했으므로 ①이 알맞습니다.

9 | Script

> W: What's wrong? 어디가 아프니?
> G: I have a fever. 열이 나요.
> W: Take this medicine and go to bed early.
> 이 약을 먹고 일찍 자거라.

이 약을 먹고 일찍 자라고 했으므로 ②가 알맞습니다.

10 | Script

> B: What will you do this summer?
> 이번 여름에 무엇을 할 거니?
>
> G: I'll learn Chinese. How about you?
> 중국어를 배울 거야. 너는?
>
> B: I'll visit my grandparents in Jeju-do.
> 나는 제주도에 있는 조부모님 댁을 방문할 거야.
>
> G: Sounds great. 좋은 생각이야.

이번 여름에 무엇을 할 건지 묻는 질문에 여자아이는 중국어를 배울 거라고 답했습니다.

11 | Script

> W: ① She has blue eyes and short straight hair.
> 그녀는 파란 눈에 짧은 생머리를 하고 있어.
>
> ② She has brown eyes and long straight hair.
> 그녀는 갈색 눈에 긴 생머리를 하고 있어.
>
> ③ She has brown eyes and short curly hair.
> 그녀는 갈색 눈에 짧은 곱슬머리를 하고 있어.

여자아이는 brown eyes(갈색 눈), short curly hair(짧은 곱슬머리)를 하고 있으므로 ③이 알맞습니다.

12 | Script

> B: Where is the post office?
> 우체국이 어디에 있니?
>
> G: Go straight two blocks and turn right.
> 곧장 두 구역 가서 오른쪽으로 돌아.
>
> B: Go straight two blocks and turn right?
> 곧장 두 구역 가서 오른쪽으로 돌아?
>
> G: That's right. It's on your left.
> 맞아. 왼쪽에 있어.
>
> B: Thank you. 고마워.

곧장 두 구역 가서 turn right(오른쪽으로 돌다)한 후 on your left(네 왼쪽에)라고 말하고 있습니다.

13 A: 너는 오늘 오후에 무엇을 할 예정이니?
① 나는 집에 머무를 예정이야.
② 나는 박물관을 방문할 예정이야.
③ 나는 축구 연습을 할 예정이야.

여자아이가 박물관에 방문할 거라고 말하고 있으므로 ②가 알맞습니다.

14 ⓐ 맛있는 음식을 먹었다
ⓑ 사진을 많이 찍었다
ⓒ 독서 동아리에 가입했다

(1) 함께 책을 읽는 그림이므로 ⓒ에 연결합니다.
(2) 맛있는 음식을 먹는 그림이므로 ⓐ에 연결합니다.

15 이곳은 부엌이야.
가스레인지가 있어.
싱크대도 있어.

가스레인지와 싱크대가 있는 부엌을 묘사하고 있습니다.

16 나는 영화 보는 것을 좋아해.
나는 영화감독이 되고 싶어.
나는 과학 영화를 만들고 싶어.

장래 희망인 영화감독을 소개하는 글이므로 ⓒ 가 알맞습니다.

17 ① 어디가 아프니?
② 머리가 아파.
③ 그것 참 안됐구나.

머리가 아픈 그림이므로 ②가 알맞습니다.

18 나는 6학년이야.

sixth grade(6학년)에 해당하는 Emma를 고릅니다.

19

| 병원 | 도서관과 우체국 사이에 있다. |
| 식당 | 공원 뒤에 있다. |

between(~ 사이에), behind(~ 뒤에)에 알맞게 위치를 찾아 지도를 완성합니다.
(1) 도서관과 우체국 사이에 있는 것은 병원입니다.
(2) 공원 뒤에 있는 것은 식당입니다.

20 내가 가장 좋아하는 과목은 국어이다.

좋아하는 과목을 나타내는 표현은 「My favorite subject is + 과목 이름.」입니다.

영어

학업성취도 평가 문항 분석표

문항 번호	정답	영역	평가 내용	배점
1	②	듣기	장소를 묘사하는 말을 듣고 의미 이해하기	4점
2	②	말하기	증상을 표현하는 말을 읽고 알맞게 질문하기	4점
3	④	말하기	좋아하는 과목을 묻는 말을 듣고 알맞게 응답하기	4점
4	④	듣기	가격을 묻고 답하는 대화를 듣고 세부사항 이해하기	4점
5	가수	(서답형) 듣기	장래 희망을 묻고 답하는 대화를 듣고 세부사항 이해하기	4점
6	③	듣기	길을 묻고 답하는 대화를 듣고 세부사항 이해하기	4점
7	①	듣기	증상에 관한 말을 듣고 의미 이해하기	4점
8	②	말하기	생김새를 묻는 말을 듣고 알맞게 응답하기	4점
9	⑤	듣기	학년을 묻고 답하는 대화를 듣고 중심 내용 이해하기	4점
10	⑤	듣기	길을 묻고 답하는 대화를 듣고 세부사항 이해하기	4점
11	③	듣기	좋아하는 과목을 묻고 답하는 대화를 듣고 세부사항 이해하기	4점
12	⑤	듣기	미래 계획에 관한 전화 대화를 듣고 세부사항 이해하기	4점
13	④	말하기	이름의 철자를 묻는 말을 듣고 알맞게 응답하기	4점
14	은행	(서답형) 듣기	길을 묻고 답하는 대화를 듣고 세부사항 이해하기	4점
15	①	읽기	장래 희망에 관한 문장을 읽고 의미 이해하기	4점
16	(p)icnic	쓰기	과거에 한 일에 관한 문장을 읽고 낱말 쓰기	4점
17	③	읽기	개인 생활에 관한 짧은 글을 읽고 세부사항 이해하기	4점
18	saw	쓰기	과거에 한 일에 관한 짧은 글을 읽고 낱말 쓰기	4점
19	③	읽기	쉽고 간단한 낱말을 읽고 의미 이해하기	4점
20	④	읽기	가격을 묻고 답하는 대화를 읽고 세부사항 이해하기	4점
21	②	읽기	장소를 묘사하는 문장을 읽고 알맞게 응답하기	5점
22	③	읽기	증상에 관한 대화를 읽고 세부사항 이해하기	5점
23	④	읽기	행사 일정에 관한 대화를 읽고 의미 이해하기	5점
24	to travel to many countries	쓰기	장래 희망에 관한 대화를 읽고 세부 내용 찾아 쓰기	5점

1 ②	2 ②
3 ④	4 ④
5 가수	6 ③
7 ①	8 ②
9 ⑤	10 ⑤
11 ③	12 ⑤
13 ④	14 은행
15 ①	16 (p)icnic
17 ③	18 saw
19 ③	20 ④
21 ②	22 ③
23 ④	
24 to travel to many countries	

1~14 듣기

1 | Script

W: ① There is a TV in the living room.
거실에 텔레비전이 있어.
② There is a bed in the bedroom.
침실에 침대가 있어.
③ There is a table in the bedroom.
침실에 탁자가 있어.
④ There is a sofa in the living room.
거실에 소파가 있어.
⑤ There are chairs in the classroom.
교실에 의자들이 있어.

침대가 있는 침실을 설명하는 그림이므로 ②가 알맞습니다.

2 | Script

W: ① What grade are you in?
너는 몇 학년이니?
② What's wrong? 어디가 아프니?
③ What's your name? 네 이름은 뭐니?
④ May I come in? 들어가도 되나요?
⑤ How do you spell your name?
네 이름의 철자가 어떻게 되니?

'나는 감기에 걸렸어.'라는 응답에 대한 질문은 어디가 아픈지 묻는 ②가 알맞습니다.

3 | Script

B: What's your favorite subject?
네가 좋아하는 과목은 무엇이니?
G: ① My favorite subject is art.
내가 좋아하는 과목은 미술이야.
② My favorite subject is math.
내가 좋아하는 과목은 수학이야.
③ My favorite subject is music.
내가 좋아하는 과목은 음악이야.
④ They are five dollars. 그것은 5달러야.
⑤ My favorite subject is P.E.
내가 좋아하는 과목은 체육이야.

좋아하는 과목을 묻는 표현에 물건의 가격을 답하는 것은 어색합니다.

4 | Script

G: How much are the jeans?
청바지는 얼마인가요?
W: ① They are five dollars. 5달러예요.
② They are six dollars. 6달러예요.
③ They are eleven dollars. 11달러예요.
④ They are fifteen dollars. 15달러예요.
⑤ They are sixteen dollars. 16달러예요.

청바지가 15달러인 그림이므로 ④가 알맞습니다.

5 | Script

> W: **What do you want to be?**
> 너는 무엇이 되고 싶니?
>
> B: **I want to be a singer.**
> 저는 가수가 되고 싶어요.

장래 희망을 묻는 말에 남자아이는 가수가 되고 싶다고 답했습니다.

6 | Script

> B: **Where is the library?** 도서관이 어디에 있니?
>
> G: **Go straight two blocks and turn left. It's on your right.**
> 곧장 두 구역 가서 왼쪽으로 돌아. 오른쪽에 있어.

곧장 두 구역 가서 왼쪽으로 돌면 오른쪽에 있다고 하였으므로 ③이 알맞습니다.

7 | Script

> G: ① **I have a runny nose.** 나는 콧물이 나요.
> ② **I have a fever.** 나는 열이 나요.
> ③ **I have a toothache.** 나는 이가 아파요.
> ④ **I have a stomachache.** 나는 배가 아파요.
> ⑤ **I have a headache.** 나는 머리가 아파요.

자신의 아픈 증세나 병을 말할 때는 「I have a+증세/병 이름.」이라고 말합니다. 그림 속 여자아이는 콧물이 나므로 I have a runny nose.(나는 콧물이 나요.)가 알맞습니다.

8 | Script

> G: **What does she look like?**
> 그녀는 어떻게 생겼니?
>
> B: ① **She is my sister.** 그녀는 내 여동생이야.
> ② **She has brown eyes.**
> 그녀는 갈색 눈을 가졌어.
> ③ **She can play the piano.**
> 그녀는 피아노를 연주할 수 있어.
> ④ **She is 13 years old.** 그녀는 열세 살이야.
> ⑤ **She is going to go to the museum.**
> 그녀는 박물관에 갈 거야.

What does he/she look like?는 다른 사람의 외모를 물어보는 표현으로, 「He/She has+형용사+eyes/hair.」로 대답합니다.

9 | Script

> B: **Excuse me. I can't find my chess class.**
> 실례합니다. 체스 교실을 못찾겠어요.
>
> W: **What grade are you in?** 몇 학년이니?
>
> B: **I'm in the sixth grade.** 6학년이에요.
>
> W: **Oh, your class is in Room 304.**
> 오, 너의 교실은 304호실이야.
>
> B: **Thanks.** 감사합니다.

남자아이가 6학년이라고 했으므로 ⑤가 알맞습니다.

10 | Script

> B: **Excuse me. Where is the park?**
> 실례합니다. 공원이 어디에 있나요?
>
> W: **Go straight two blocks and turn right. It's on your left.**
> 곧장 두 구역 가서 오른쪽으로 돌아. 왼쪽에 있어.

공원으로 가는 길을 묻는 질문에 여자가 곧장 두 구역 가서 오른쪽으로 돌면 왼쪽에 있다고 했으므로 ⑤가 알맞습니다.

11 | Script

> B: **What's your favorite subject?**
> 네가 좋아하는 과목은 무엇이니?
>
> G: **My favorite subject is Korean.**
> 내가 좋아하는 과목은 국어야.

좋아하는 과목을 묻는 질문에 여자아이가 국어를 좋아한다고 답했으므로 ③이 알맞습니다.

12 | Script

> B: **Hello?** 여보세요?
>
> G: **Hi, Tom. This is Mina. What are you going to do this afternoon?**
> 안녕, 톰. 나 미나야. 오늘 오후에 무엇을 할 예정이니?
>
> B: **I'm going to see a musical.**
> 나는 뮤지컬을 볼 거야.

전화를 받을 때는 Hello?라고 하므로, 전화를 받은 사람으로 ⑤가 알맞습니다.

13 | Script

> B: **How do you spell your name?**
> 이름의 철자가 어떻게 되니?
>
> G: ① **I'm in the third grade.** 나는 3학년이야.
> ② **I like cooking.** 나는 요리하는 것을 좋아해.
> ③ **My name is Jenny.** 내 이름은 제니야.
> ④ **J-E-N-N-Y B-R-O-W-N.**
> J-E-N-N-Y B-R-O-W-N이야.
> ⑤ **My favorite subject is math.**
> 내가 좋아하는 과목은 수학이야.

이름의 철자를 물어보았으므로 철자를 답하는 ④가 알맞습니다.

14 | Script

> G: **Excuse me. Where's the toy museum?**
> 실례합니다. 장난감 박물관이 어디에 있나요?
>
> W: **Go straight and turn right at the corner.**
> 곧장 가다가 모퉁이에서 오른쪽으로 돌아.
> **It's next to the bank.**
> 그것은 은행 옆에 있어.
>
> G: **Thank you very much.** 정말 감사합니다.
>
> W: **No problem.** 천만에.

장난감 박물관은 은행 옆에 있다고 했습니다.

15~24 읽기·쓰기

15 ① 나는 엔지니어가 되고 싶어.
② 나는 디자이너가 되고 싶어.
③ 나는 가수가 되고 싶어.
④ 나는 코미디언이 되고 싶어.
⑤ 나는 영화감독이 되고 싶어.

여자아이가 장래 희망으로 엔지니어를 꿈꾸는 모습이므로 ①이 알맞습니다.

영어

16 나는 소풍을 갔어.

여자아이가 소풍을 간 그림이므로 빈칸에 들어갈 낱말은 picnic입니다. go on a picnic은 '소풍을 가다'라는 뜻입니다.

17 안녕, 내 이름은 제임스야.
나는 우리 밴드의 기타 연주자야.
나는 6학년이야.
나는 바이올린도 연주할 수 있어.
나는 음악 듣는 것을 좋아해.

제임스는 6학년이라고 했으므로 내용과 일치하지 않는 것은 ③입니다.

18 나는 가족과 함께 부산에 갔어요.
조부모님 댁을 방문했어요.
맛있는 음식을 먹었어요.
해변에서 많은 새를 보고 수영을 했어요.

과거의 일을 말하고 있으므로 saw(보았다)로 바꿔야 알맞습니다.

19 '국어'를 뜻하는 영어 단어 Korean은 낱말 퍼즐에서 찾을 수 없습니다.

20 A: 이 바지를 봐. 멋져 보인다.
B: 도와드릴까요?
A: 이 바지를 갖고 싶어요. 얼마인가요?
B: 40달러예요.

Look at these pants.(이 바지를 봐.)라며 바지의 가격을 묻고 답하고 있습니다. forty dollars는 40달러입니다.

21 가스레인지와 싱크대가 있어.
① 정말 멋진 교실이야!
② 정말 멋진 부엌이야!
③ 정말 멋진 침실이야!
④ 정말 멋진 욕실이야!
⑤ 정말 멋진 거실이야!

가스레인지와 싱크대가 있는 장소를 묘사하고 있으므로 부엌에 감탄하는 ②가 알맞습니다.

22 Kate: 밖에서 놀자.
John: 미안하지만, 안 되겠어.
Kate: 어디가 아프니?
John: 감기에 걸렸어.
Kate: 열도 나는구나. 따뜻한 물을 마시고 일찍 잠자리에 들어.
John: 고마워.

케이트가 존에게 You have a fever, too.라고 했으므로 ③이 알맞습니다.

23 ⓒ 춤 경연 대회가 언제니? – ⓐ 11월 20일이야. 경연 대회에 올 수 있니? – ⓔ 물론이야. – ⓑ 1시에 도레미 공원으로 와. – ⓓ 그래. 그때 봐.

춤 경연 대회 날짜를 묻고 답하며, 춤 경연 대회에 초대하는 말에 응하는 순서가 자연스럽습니다.

24 Kelly: 너는 무엇이 되고 싶니?
민수: 나는 여행가가 되고 싶어. 나는 많은 국가를 여행하고 싶어

장래 희망을 묻는 질문에 민수는 여행가가 되고 싶고, 많은 국가를 여행하고 싶다고 답했습니다.

학업성취도 평가 문항 분석표

문항 번호	정답	영역	평가 내용	배점
1	⑤	듣기	증상에 관한 대화를 듣고 의미 이해하기	4점
2	②	말하기	길을 안내하는 대답을 읽고 알맞게 질문하기	4점
3	①	듣기	과거에 한 일에 관한 대화를 듣고 표현 이해하기	4점
4	침실	(서답형) 듣기	집안 구조에 관한 대화를 듣고 묘사하는 장소 쓰기	4점
5	②	듣기	길을 안내하는 표현을 듣고 세부사항 이해하기	4점
6	④	말하기	일정을 묻고 답하는 표현 이해하기	4점
7	④	듣기	날짜를 묻고 답하는 대화를 듣고 세부사항 이해하기	4점
8	④	말하기	이름의 철자를 묻는 말을 듣고 알맞게 응답하기	4점
9	③	듣기	과거에 한 일에 관한 대화를 듣고 중심 내용 이해하기	4점
10	12	(서답형) 듣기	날짜를 묻고 답하는 대화를 듣고 날짜 쓰기	4점
11	①, ④	듣기	증상에 관한 대화를 읽고 세부사항 이해하기	4점
12	⑤	말하기	가격을 묻는 질문을 듣고 알맞게 응답하기	4점
13	③	듣기	가격을 묻고 답하는 대화를 듣고 세부사항 이해하기	4점
14	①	듣기	날짜를 묻고 답하는 대화를 듣고 세부사항 이해하기	5점
15	②	읽기	장래 희망에 관한 짧은 글을 읽고 중심 내용 이해하기	4점
16	④	읽기	좋아하는 과목에 대한 대답을 보고 알맞게 질문하기	4점
17	②	읽기	증상에 관한 대화를 읽고 세부사항 이해하기	4점
18	②	쓰기	철자 순서를 보고 알맞은 단어 이해하기	4점
19	②	읽기	인물의 특징에 대한 짧은 글을 읽고 세부사항 이해하기	4점
20	②	읽기	좋아하는 과목에 대한 대화를 읽고 이해하기	4점
21	③	쓰기	과거에 한 일에 관한 대화를 읽고 잘못된 부분 수정하기	4점
22	kitchen	쓰기	감탄하는 표현 완성하기	5점
23	Ted	읽기	날짜를 묻고 답하는 대화를 읽고 세부사항 이해하기	5점
24	brown eyes, curly hair, glasses	쓰기	인물의 특징에 대한 짧은 글을 읽고 세부사항 이해하기	5점

영어

학업성취도 평가

영어 2회

1 ⑤	2 ②
3 ①	4 침실
5 ②	6 ④
7 ④	8 ④
9 ③	10 12
11 ①, ④	12 ⑤
13 ③	14 ①
15 ②	16 ④
17 ②	18 ②
19 ②	20 ②
21 ③	22 kitchen
23 Ted	
24 brown eyes, curly hair, glasses	

1~14 듣기

1 | Script

① B: **I have a toothache.** 이가 아파요.
   W: **Let's go and see a dentist.**
   치과에 가 보자.
② B: **I have a cold.** 감기에 걸렸어요.
   W: **Don't go outside today.**
   오늘은 밖에 나가지 말거라.
③ B: **I have a stomachache.** 배가 아파요.
   W: **Take this medicine and drink warm water.** 이 약을 먹고 따뜻한 물을 마시렴.
④ B: **I have a runny nose.** 콧물이 나요.
   W: **Take this medicine and go to bed early.**
   이 약을 먹고 일찍 자렴.
⑤ B: **I have a headache.** 머리가 아파요.
   W: **Take this medicine and get some rest.**
   이 약을 먹고 좀 쉬렴.

머리가 아픈 남자아이에게 약을 먹고 좀 쉬라고 지시하는 그림이므로 ⑤가 알맞습니다.

2 | Script

G: ① **When is the school market?**
   학교 알뜰 시장이 언제니?
   ② **Where is the bus stop?**
   버스 정류장이 어디에 있니?
   ③ **We'll take you there.**
   우리가 그곳에 데려다줄게.
   ④ **It's in front of the park.**
   그것은 공원 앞에 있어.
   ⑤ **What's wrong?** 어디가 아프니?

주어진 대답에서 '곧장 한 구역 가서 오른쪽으로 돌아.'라고 길을 안내하고 있으므로 길을 묻는 표현인 ②가 알맞습니다.

3 | Script

B: **What did you do during the vacation?**
   너는 방학 동안 뭐 했니?
G: **I joined a book club.**
   나는 독서 동아리에 가입했어.

여자아이는 독서 동아리에 가입했다고 했습니다.

4 | Script

G: **This is the bedroom. There is a bed in the bedroom.**
   이곳은 침실이야. 침실에는 침대가 있어.
B: **What a nice bedroom!** 정말 멋진 침실이야!

침대가 있는 침실을 묘사하고 있습니다.

5 | Script

> W: **Go straight one block and turn right.**
> 곧장 한 구역 가서 오른쪽으로 돌아라.
> **It's on your left.** 왼쪽에 있어.

곧장 한 구역 가서 오른쪽으로 돌면 왼쪽에 있다고 했으므로 ②가 알맞습니다.

6 | Script

> ① G: **What's wrong?** 어디가 아프니?
> B: **I have a runny nose.** 콧물이 나.
> ② G: **What grade are you in?**
> 너는 몇 학년이니?
> B: **I'm in the first grade.** 나는 1학년이야.
> ③ G: **What are you going to do tomorrow?**
> 내일 뭐 할 예정이니?
> B: **I'm going to see a musical.**
> 나는 뮤지컬을 볼 거야.
> ④ G: **When is the club festival?**
> 동아리 축제가 언제니?
> B: **Go straight one block and turn right.**
> 곧장 한 구역 가서 오른쪽으로 돌아.
> ⑤ G: **What is he wearing?**
> 그는 무엇을 입고 있니?
> B: **He's wearing blue pants.**
> 그는 파란색 바지를 입고 있어.

행사의 날짜를 묻는 말에 길을 안내하는 ④가 어색합니다.

7 | Script

> G: **When is the drone festival?**
> 드론 축제가 언제니?
> B: **It's on July 30th. Can you come to the festival?** 7월 30일이야. 축제에 올 수 있니?
> G: **Sorry, I can't. It's my dad's birthday.**
> 미안하지만, 갈 수 없어. 아빠 생신이야.

남자아이가 여자아이를 drone festival(드론 축제)에 초대하였고, 여자아이는 아빠 생신 때문에 갈 수 없다고 거절하고 있으므로 ④가 알맞습니다.

8 | Script

> G: **Hello. I'm Monica Lima.**
> 안녕. 나는 모니카 리마야.
> B: **How do you spell your name?**
> 네 이름 철자가 어떻게 되니?
> G: ① **I'm in the sixth grade.** 나는 6학년이야.
> ② **My name is Monica Lima.**
> 내 이름은 모니카 리마야.
> ③ **I can play the guitar well.**
> 나는 기타를 잘 쳐.
> ④ **M-O-N-I-C-A L-I-M-A.**
> M-O-N-I-C-A L-I-M-A야.
> ⑤ **I want to be a guitarist.**
> 나는 기타 연주자가 되고 싶어.

How do you spell your name?은 상대방의 이름 철자를 묻는 표현입니다. 이에 대한 대답으로는 이름의 철자를 한 자씩 순서대로 말합니다.

영어

9 | Script

G: **How was your vacation?**
방학 어땠니?

B: **It was good. I read many books.**
좋았어. 많은 책을 읽었어.
How about you? 너는?

G: **I had a great time.** 나는 좋은 시간을 보냈어.
I went to Dokdo and took many pictures.
독도에 가서 많은 사진을 찍었어.

B: **Wow, great!** 와, 멋지다!

여자아이는 방학에 독도에 갔다고 했으므로 ③이 알맞습니다.

10 | Script

G: **When is the piano concert?**
피아노 연주회가 언제니?

B: **It's on April 12th.** 4월 12일이야.

piano concert(피아노 연주회)는 April 12th(4월 12일)에 열린다고 말하고 있습니다.

11 | Script

B: **I have a stomachache.** 배가 아파요.

W: **Take this medicine and go to bed early.**
이 약을 먹고 일찍 자렴.

B: **Okay. Thank you.** 네. 고맙습니다.

배가 아픈 남자아이에게 약을 먹고 일찍 자라고 했으므로 ①, ④가 알맞습니다.

12 | Script

B: **How much are the gloves?**
장갑은 얼마예요?

W: ① **This is the bedroom.** 이곳은 침실이에요.
② **I visited my uncle in Busan.**
나는 부산에 있는 삼촌 댁을 방문했어요.
③ **I want to be a designer.**
나는 디자이너가 되고 싶어요.
④ **There is a TV on the wall.**
벽에 텔레비전이 있어요.
⑤ **They're seven dollars.** 7달러예요.

How much are the gloves?는 장갑의 가격을 묻는 표현이므로 대답으로 알맞은 표현은 「they are + 금액」입니다.

13 | Script

W: **Can I help you?** 도와드릴까요?

B: **Yes, please. I'm looking for shoes.**
네. 신발을 찾고 있어요.

W: **How about these?** 이것들은 어떤가요?

B: **Oh, I like them.** 오, 맘에 들어요.
How much are they? 그것들은 얼마인가요?

W: **They're twenty-five thousand won.**
이것들은 25,000원이에요.

신발의 가격을 묻는 남자아이의 질문에 직원이 25,000원이라고 답했으므로 ③이 알맞습니다.

14 | Script

> B: **When is the dance contest?**
> 춤 경연 대회가 언제니?
>
> G: **It's on May 17th. Can you come to the contest?**
> 5월 17일이야. 경연 대회에 올 수 있니?
>
> B: **Of course.** 물론이야.
>
> G: **Please come to Star Park at 3.**
> 3시에 Star Park로 와.
>
> B: **Okay.** 알겠어.

May 17th에 dance contest(춤 경연 대회)는 Star Park에서 열린다고 했습니다.

15~24 읽기 · 쓰기

15 나는 요리하는 것을 좋아해.
나는 요리사가 되고 싶어.
나는 이탈리아 요리를 만들고 싶어.

요리하는 것을 좋아하고 이탈리아 요리를 만들고 싶다고 했으므로 가연이의 장래 희망으로 알맞은 것은 요리사(a cook)입니다.

16 ① 네 이름은 뭐니?
② 바지는 얼마인가요?
③ 너는 무엇이 되고 싶니?
④ 네가 가장 좋아하는 과목이 무엇이니?
⑤ 방학 동안 뭘 했니?

My favorite subject is music.(내가 제일 좋아하는 과목은 음악이야.)라고 답하고 있으므로 빈칸에는 좋아하는 과목이 무엇인지 묻는 표현이 들어가야 알맞습니다.

17 어디 아프니?

 감기에 걸렸어.

 안됐구나. 따뜻한 물을 마시고 일찍 잠자리에 들어.

 고마워.

어디가 아픈지 묻는 말에 I have a cold.라고 하였고 drink warm water(따뜻한 물을 마시다), go to bed early(일찍 잠자리에 들다)라고 지시하였으므로 ②가 알맞습니다.

18 첫 글자는 w, 두 번째 글자는 a, 세 번째 글자는 n, 네 번째 글자는 t이므로 암호로 알맞은 것은 want(원하다)입니다.

19 수민이는 갈색 눈을 가지고 있다.
수민이는 긴 생머리를 하고 있다.
수민이는 노란색 티셔츠와 빨간색 바지를 입고 있다.

수민이는 long straight hair(긴 생머리)를 가지고 있다고 했습니다.

20 수진: 네가 좋아하는 과목은 무엇이니?
톰: 내가 좋아하는 과목은 과학이야. 너는?
수진: 내가 좋아하는 과목은 미술이야. 나는 그림 그리는 것을 좋아해.
① 그것들은 얼마니?
② 네가 좋아하는 과목은 무엇이니?
③ 너는 방학 동안 뭐 했니?
④ 너는 무엇이 되고 싶니?
⑤ 네가 좋아하는 노래는 무엇이니?

How about you?는 좋아하는 과목을 묻는 질문으로 쓰였으므로 ②가 알맞습니다.

영어

21 A: 방학 어땠니?
B: 좋았어.
A: 너는 무엇을 했니?
B: 가족과 캠핑을 갔어. 맛있는 음식을 먹었어.

과거에 한 일을 물을 때 What did you do?라고 합니다.

22 장소가 멋지다고 감탄하는 표현은 「What a nice + 장소 이름!」이므로, 빈칸에 알맞은 낱말은 kitchen(부엌)입니다.

23 Ms. White: 네 생일이 언제니?
Lily: 4월 19일이에요.
Sam: 10월 5일이에요.
Ted: 1월 10일이에요.

April 19th는 '4월 19일', October 5th는 '10월 5일', January 10th는 '1월 10일'이므로 Ted가 생일이 가장 빠릅니다.

24 이 아이는 알렉스야. 그는 갈색 눈을 가졌고, 짧은 곱슬머리를 하고 있어. 그는 파란색 티셔츠를 입고 있고, 안경을 쓰고 있어.

이 아이는 엠마야. 그녀는 갈색 눈을 가졌고, 긴 곱슬머리를 하고 있어. 그녀는 빨간색 원피스를 입고 있고, 안경을 쓰고 있어.

알렉스와 엠마의 공통점은 brown eyes, curly hair, glasses입니다.

MEMO

MEMO

꿈을 위한 동행

축구선수, 래퍼, 선생님, 요리사...
배움을 통해 아이들은 꿈을 꿉니다.

학교에서 공부하고, 뛰어놀고 싶은 마음을
잠시 미뤄둔 친구들이 있습니다.
어린이 병동에 입원해 있는 아이들.

이 아이들도 똑같이 공부하고
맘껏 꿈 꿀 수 있어야 합니다.
천재교육 학습봉사단은
직접 병원으로 찾아가
같이 공부하고 얘기를 나눕니다.

함께 하는 시간이
아이들이 꿈을 키우는 밑바탕이 되길 바라며
천재교육은 앞으로도
나눔을 실천하며 세상과 소통하겠습니다.

천재교육

정답은
이안에
있어 !

단기간 고득점을 위한 2주

전략 질주

중학 전략

내신 전략 시리즈

국어/영어/수학

필수 개념을 꽉~ 잡아 주는 초단기 내신 대비서!

일등전략 시리즈

국어/영어/수학/사회/과학 (국어는 3주 1권 완성)

철저한 기출 분석으로 상위권 도약을 돕는 고득점 전략서!